Senatsverwaltung für Bildung, Jugend und Familie

BeoKiz

Verfahren zur Beobachtung, Dokumentation und Einschätzung im KiTa-Alltag: kindzentriert und ganzheitlich

Begleitmaterialien BeoTool

Heft 1

Senatsverwaltung für Bildung, Jugend und Familie

BeoKiz

Verfahren zur Beobachtung, Dokumentation
und Einschätzung im KiTa-Alltag:
kindzentriert und ganzheitlich

Begleitmaterialien BeoTool

Heft 1

Herausgeber:
Senatsverwaltung für Bildung, Jugend und Familie
Bernhard-Weiß-Str. 6
10178 Berlin

1. Auflage 2024

Autor:innen: Julia Schröder-Moritz, Irene Dittrich, Ruben Maué

Endredaktion: Kerstin Thätner, Fiene Mäske
Lektorat: Infotext GbR, Berlin
Fotos: iStock
Illustrationen: Senatsverwaltung für Bildung, Jugend und Familie
Layout und Gestaltung: Jens Klennert

Inhaltsverzeichnis

Vorwort

Liebe Pädagoginnen und Pädagogen,

Kindern ein gutes und an ihren Bedürfnissen ausgerichtetes Aufwachsen zu ermöglichen, in dem sie sich ausgehend von ihren Stärken und Potenzialen entwickeln und verwirklichen können, ist ein wesentliches Ziel der frühkindlichen Bildung. Für das Land Berlin hat die frühkindliche Bildung eine hohe Bedeutung, denn in den ersten Lebensjahren werden die Grundlagen für Bildungs- und Teilhabechancen von Kindern geschaffen. Eine Voraussetzung des pädagogischen Handelns in den Einrichtungen der Kindertagesbetreuung ist eine am Berliner Bildungsverständnis orientierte Beobachtung und Einschätzung der individuellen Stärken und Potenziale jedes Kindes, um ihm mittels pädagogischer Anregungen den nächsten Entwicklungsschritt zu ermöglichen und seine Kompetenzen zu erweitern. Dabei ist Ihre pädagogische Expertise ein wesentlicher Faktor, damit jedes Kind die bestmögliche Bildung und Betreuung erhält, um erfolgreich in die Zukunft zu starten.

Durch die Gestaltung anregender, individueller und vielfältiger pädagogischer Angebote sowie gezielte Förderung leisten Sie nicht nur einen bedeutenden und entscheidenden Beitrag für den weiteren Lebensweg der Kinder, sondern tragen damit zur Weiterentwicklung der pädagogischen Qualität in Ihren Kindertageseinrichtungen und der Kindertagespflege bei. Ihre Arbeit ist von unschätzbarem Wert für die frühkindliche Bildung. Daher liegt es mir besonders am Herzen, Sie bei der Begleitung und Stärkung der kindlichen Entwicklung bestmöglich zu unterstützen.

Mit dem „BeoKiz-Verfahren zur Beobachtung, Dokumentation und Einschätzung im KiTa-Alltag: kindzentriert und ganzheitlich" liegt Ihnen nun ein wissenschaftlich fundiertes Verfahren vor, das frühzeitig und kompetenzorientiert eine ganzheitliche Beobachtung, Dokumentation und Einschätzung kindlicher Entwicklungs- und Lernprozesse ermöglicht. Hierbei bildet neben dem partizipativen Ansatz die Anschlussfähigkeit von Bildungsinhalten an die nächste Bildungsinstitution der Grundschule einen für mich persönlich wichtigen Schwerpunkt – nur ein gelingender Übergang trägt auch zu einer kontinuierlichen Bildungsbiografie bei.

Ein besonderes Anliegen und zentrales Merkmal des Erarbeitungs- und Entwicklungsprozesses des BeoKiz-Verfahrens war eine intensive Beteiligung der Fachpraxis. Mit Ihren Anregungen, Hinweisen und konstruktiven Kritiken konnten wir gewährleisten, dass BeoKiz auch wirklich als Unterstützung in der alltäglichen pädagogischen Arbeit mit den Kindern wahrgenommen wird. Ein herzlicher Dank gilt daher neben den Autorinnen und Autoren auch allen Beteiligten, die das BeoKiz-Verfahren mitgestaltet und damit zu einer wirksamen Arbeitsgrundlage entwickelt haben.

Ich wünsche Ihnen viel Freude bei der Anwendung und Umsetzung des BeoKiz-Verfahrens und bin überzeugt, dass wir damit gemeinsam die Qualitätsentwicklung frühkindlicher Bildungsprozesse verstärken und zu einem chancengerechten Aufwachsen der Kinder beitragen.

Katharina Günther-Wünsch
Senatorin für Bildung, Jugend und Familie

Vorwort der Autorinnen und Autoren

Seit der Einführung von Bildungsprogrammen in den einzelnen Bundesländern sind die Beobachtung und Dokumentation von kindlichen Bildungs- und Entwicklungsprozessen verbindliche Grundlage der pädagogischen Arbeit. Seitdem wurden für pädagogische Fachkräfte, Leitungen und Trägerverantwortliche unterschiedlichste Methoden, Instrumente und Verfahren entwickelt, die zur Erfüllung des Beobachtungs- und Dokumentationsauftrags in KiTas eingesetzt werden können.

Das Land Berlin hat ein modernes, fachwissenschaftlich fundiertes und für die Praxis handhabbares Verfahren zur Erfüllung seines Auftrags entwickelt. Der Entwicklungsprozess war geprägt durch unsere Haltung, ein für Kinder und pädagogische Fachkräfte einladendes, bereicherndes und wirkungsvolles Verfahren zu entwerfen. Die Rückmeldungen aus der Praxis bestätigen uns, dass dies gelungen ist.

BeoKiz umfasst die Grundlagen aus Gesetzen, der UN-Kinderrechtskonvention und dem, was auch die Bildungsprogramme und -pläne in den Bundesländern beschreiben: die beobachtungsbasierte, partizipative und kindorientierte Anregung von Bildungsprozessen, um jedes Kind bei dem Ausbau und der Entfaltung seiner individuellen Kompetenzen zu fördern.

Viele Einrichtungen haben in den vergangenen 20 Jahren die gestiegenen Anforderungen an die Arbeit mit Kindern in der frühkindlichen Bildung sowie im schulergänzenden Bereich mit hohem Engagement umgesetzt. Wir möchten mit dem BeoKiz-Verfahren diese wertvolle Arbeit der pädagogischen Fachkräfte sowie ihren stärkenorientierten Blick auf die Kinder unterstützen, um jedes einzelne Kind in seiner Einzigartigkeit, mit seiner individuellen Lebensgeschichte, seinen Interessen sowie Bildungs- und Entwicklungspotenzialen wahrzunehmen: Schatzsuche statt Fehlersuche. Wir möchten mit BeoKiz Ihre Wahrnehmung dahingehend schärfen, welche wunderbaren Momente Sie jeden einzelnen Tag vielfach erleben – und wollen Sie dazu ermuntern, diese Momente aufzugreifen und festzuhalten. BeoKiz ist mehr als „nur" ein Beobachtungsverfahren. Es ist ein Handlungskonzept für die Begegnung mit und die Begleitung von Kindern.

Mithilfe des „BeoKiz-Verfahrens zur Beobachtung, Dokumentation und Einschätzung im KiTa-Alltag: kindzentriert und ganzheitlich" wollen wir unsere Begeisterung über die Begleitung von Kindern in ihrem Aufwachsen und ihrer Kompetenzentwicklung mit Ihnen teilen und mit Ihnen zusammen ein gemeinsames Ziel verfolgen: eine kindorientierte und ganzheitliche Beobachtung verbunden mit einer teilnehmenden, dialogorientierten Interaktion.

Ihre

Julia Schröder-Moritz
Irene Dittrich
Ruben Maué

Grundlagen des BeoKiz-Verfahrens

Das BeoKiz-Verfahren zur Beobachtung, Dokumentation und Einschätzung im KiTa-Alltag ist im Auftrag der Berliner Senatsverwaltung für Bildung, Jugend und Familie entwickelt worden. An der Entwicklung waren über 250 Praktikerinnen und Praktiker aus dem Land Berlin sowie verschiedene Wissenschaftlerinnen und Wissenschaftler beteiligt. In einem partizipativen Prozess ist so ein praxisnahes, kindorientiertes, ganzheitliches und wissenschaftlich fundiertes Beobachtungsverfahren entstanden.

Dem BeoKiz-Verfahren liegt ein kompetenzorientiertes Verständnis zugrunde. Damit greift es eine der wesentlichen Aufgaben pädagogischer Fachkräfte auf: das Erkennen der Interessen und Kompetenzen von Kindern und ihre weitere Anregung sowie Förderung. Kompetenzen setzen sich zusammen aus konkretem Wissen, dem Können in der Anwendung von Wissen und dem Wollen, eine Lösung zu finden. Kompetenzaufbau umfasst die Aneignung von Wissen, den Aufbau von kognitiven und praktischen Fähigkeiten und Fertigkeiten sowie von Haltungen, Gefühlen, Werten und Motivation für sich selbst und bei anderen Menschen.

Kompetenzentwicklung ist mehrdimensional und verläuft inhalts- und handlungsbezogen in verschiedenen Kompetenzbereichen. Jede Kompetenzerweiterung zahlt auf das ‚Lebenslange Lernen' ein. Während Kompetenzbereiche fachlich-inhaltlich orientiert sind, folgt das Modell des ‚Lebenslangen Lernens' einer übergeordneten Sicht auf Kompetenzen und kann in folgende vier Kompetenzdimensionen strukturiert werden:

- Ich-Kompetenzen (auch als Selbstkompetenzen bezeichnet),
- Sozial-Kompetenzen (auch als Wir-Kompetenzen bezeichnet),
- Sachkompetenzen (auch als Fach-Kompetenzen oder Wissen bezeichnet),
- lernmethodische Kompetenzen (auch als methodische Kompetenzen bezeichnet).

Diese Kompetenzdimensionen bauen sich über verschiedene Niveaustufen immer weiter auf. Alle Kompetenzbereiche und -dimensionen stehen in enger Wechselbeziehung miteinander und spiegeln sich in allen Bereichen der Bildung und Erziehung wider.

Um die Kompetenzentwicklung und -förderung der Kinder stärkenorientiert und wertschätzend begleiten zu können, beinhaltet das Aufgabenspektrum des pädagogischen Fachpersonals daher einen Beobachtungs- und Dokumentationsauftrag kindlicher Entwicklung.

Beobachtungs- und Dokumentationsprozess

In der nationalen wie internationalen Fachpraxis zu Beobachtung haben sich drei Schritte etabliert, denen jeder alltägliche wie auch systematische Beobachtungsprozess folgt:

- Beobachtung (alltagsintegrierte Handlung des Kindes bewusst wahrnehmen)
- Auswertung (die Beobachtung analysieren)
- Ableitung (der Auswertung folgt die pädagogische Planung, um Bildungsmöglichkeiten zu gestalten)

Methodisch baut das BeoKiz-Verfahren auf diesen drei Schritten auf: Beobachtung, Auswertung und Ableitung.

Die ganzheitliche Beobachtung im BeoKiz-Verfahren zeichnet sich dadurch aus, dass die pädagogischen Fachkräfte die Bildungsprozesse von Kindern in allen Aspekten ihrer Persönlichkeit und ihrer Kompetenzen beobachten.

Durch die fokussierte Auswertung einer Beobachtung im BeoKiz-Verfahren können Handlungen, Kompetenzen und Verhaltensweisen von Kindern besser eingeordnet und verstanden werden.

Um die Beobachtungsergebnisse als Grundlage der pädagogischen Planung heranzuziehen und jedes Kind individuell bei seiner Kompetenzentwicklung begleiten zu können, dienen Zielformulierungen im BeoKiz-

Verfahren als pädagogische Schlussfolgerung der Beobachtungen. Partizipative Beobachtungs- und Dokumentationsprozesse sowie fortlaufende und bildungsbezogene Dialoge bilden dabei die Basis für die individuell angepasste Gestaltung des pädagogischen Handelns.

Für die Umsetzung des Beobachtungs- und Dokumentationsauftrags nutzen pädagogische Fachkräfte verschiedene Ansätze, Herangehensweisen sowie pädagogische und soziale Perspektiven auf kindliche Entwicklung. Die unterschiedlichen Herangehensweisen und die jeweiligen, fachlichen Anwendungsbereiche lassen sich den folgenden Kategorien zuordnen:

- eine offene, prozessorientierte Herangehensweise mit einem Blick für die Stärken und Interessen der einzelnen Kinder sowie die inhaltlichen und strukturellen Merkmale ihrer Aktivitäten, ausgerichtet auf die kindlichen Selbstbildungspotenziale und Lerndispositionen;
- eine gezielte Beobachtung anhand standardisierter Verfahren mit einer pädagogisch-psychologischen Ausrichtung an Merkmalslisten zur Entwicklung des Kindes;
- eine Einschätzung weniger und präzise formulierter Merkmale für ein breites Spektrum an Entwicklungsbereichen in Abhängigkeit vom Lebensalter des Kindes, deren konkrete Auswahl von 90 bis 95 Prozent aller Kinder desselben Lebensalters erfolgreich bewältigt werden.

Das BeoKiz-Verfahren bündelt diese unterschiedlichen Herangehensweisen.

Drei Säulen eines Beobachtungssystems[1]

Fachwissenschaftlicher Konsens ist, dass eine wirksame, individuelle und kindorientierte pädagogische Begleitung eines Kindes mit einer angemessenen Entwicklungsförderung sinnvollerweise durch Anwendung einer Kombination aus den unterschiedlichen Ansätzen erfolgen sollte. Wissenschaftliche Erkenntnisse betonen daher den Mehrwert einer kombinierten Anwendung von qualitativen und quantitativen Verfahren und empfehlen ein Beobachtungssystem aus drei Säulen:

- prozessorientierte Beobachtung,
- merkmalsbasierte Beobachtung,
- vergleichende Beobachtung zur Früherkennung von Entwicklungsrisiken.

Beschreibende oder prozessorientierte Beobachtungs- und Dokumentationsverfahren setzen ihren Schwerpunkt auf strukturelle und inhaltliche Merkmale der Aktivitäten von Kindern sowie auf das Verständnis der Bedeutungen, die Kinder mit ihren Handlungen verbinden. Sie stellen nicht einzelne Kompetenzen, sondern aktuelle Bedürfnisse und Interessen sowie die im Verhalten der Kinder erkennbar werdenden, grundlegenden Lerndispositionen, Themen und Zugangsformen oder Selbstbildungspotenziale ins Zentrum. Dabei wird der Fokus auf die Stärken und Ressourcen der einzelnen Kinder gelegt. Kinder werden als Akteure in ihrer eigenen Umwelt verstanden – das heißt: Kinder sind neugierige, selbstständige und kompetente Gestaltende ihrer eigenen Entwicklung. Beobachten wird als bewusster Prozess verstanden, in dem wahrgenommene Situationen als Ergebnisse des gemeinsamen Handlungsprozesses entstehen. Durch die Eigenaktivität des Kindes bei der Auseinandersetzung mit seiner Umwelt entsteht die Basis für ko-konstruktivistische Bildungsprozesse.

Im BeoKiz-Verfahren wird Beobachtung als eine bewusste und zielorientierte Wahrnehmung der Bildungsprozesse von Kindern verstanden. Dies trägt dazu bei, die Interessen des Kindes auf der Sach- und der Handlungsebene zu erkunden. Das BeoKiz-Verfahren bezieht die subjektive Sicht der beobachtenden Erwachsenen als Teil des Beobachtungsprozesses mit ein. Die wahrnehmende Beobachtung dient dem Erkennen der kindlichen Handlungen – das heißt, wie sich Kinder beschäftigen, was sie tun, wie und mit

1 Viernickel, Susanne; Völkel, Petra (2022): Beobachten und Dokumentieren im pädagogischen Alltag (1. Auflage). Verlag Herder

wem sie interagieren und handeln. Zentrale Ausgangsbasis dieses Beobachtungsprozesses im BeoKiz-Verfahren ist der Zugang zu den kindlichen Bildungsprozessen ausgehend von alltäglichen und intrinsisch motivierten Aktivitäten durch eine wahrnehmende Beobachtung.

Merkmalsbasierte Beobachtungsverfahren sind durch mehr oder weniger umfassende standardisierte Merkmalslisten oder vorgegebene Verhaltensbeschreibungen für verschiedene Entwicklungsbereiche charakterisiert. Anhand der Einzelmerkmale wird eingeschätzt, ob – bei einigen Verfahren auch, mit welcher Intensität oder Regelmäßigkeit – Kinder das entsprechende Verhalten oder die entsprechende Fähigkeit zeigen. Diese Einschätzungen bilden in ihrer Gesamtheit die Grundlage für Aussagen über den aktuellen Entwicklungsstand und den intraindividuellen Entwicklungsverlauf (das heißt: das Kind im Vergleich mit sich selbst) sowie das kontextbezogene Anwenden in den adressierten Kompetenzbereichen. Im Vergleich zu prozessorientierten Beobachtungsverfahren lenken merkmalsbasierte Verfahren den Blick auf konkrete Entwicklungsschritte, wodurch eine Betrachtung von Bereichen ermöglicht wird, die sonst im KiTa-Alltag eher wenig Raum einnehmen. „Starke" Bereiche können von weniger gut entwickelten, kompetenz-bezogen noch „schwach" ausgebildeten Bereichen differenziert werden.

Dem BeoKiz-Verfahren liegt ein kompetenzorientiertes Verständnis von Förderung zugrunde, das sich in der alltäglichen pädagogischen Interaktion abbildet. Die kompetenzbereichsspezifische Förderung knüpft an die Lebens- und Erfahrungswelten der Kinder an. Dadurch wird die Wirksamkeit alltagsintegrierter Bildung ermöglicht und in allen Situationen des pädagogischen Alltags sowie entsprechend den jeweiligen Entwicklungsaufgaben eines Kindes umgesetzt.

Die Gestaltung von Bildungsanregungen im BeoKiz-Verfahren ist darauf ausgerichtet, die individuellen Kompetenzen des Kindes kontinuierlich zu erweitern, um Kinder für die Bewältigung zukünftiger Herausforderungen im Lebens- und Bildungskontext zu stärken. Vielseitige Kompetenzen ermöglichen Kindern ein selbstständiges und verantwortungsvolles Handeln in der (Lebens-)Welt und lebenslanges Lernen.

Bildungsprozesse sind darauf ausgerichtet, Kompetenzen kontinuierlich zu erweitern. In diesem Zusammenhang hat sich der spielbasierte und alltagsintegrierte Ansatz zur Anregung von Lernprozessen im Unterschied zur additiven Entwicklungsförderung durchgesetzt. Das BeoKiz-Verfahren setzt diesen Ansatz um.

Die Identifizierung merkmalsbasierter Entwicklungsschritte im BeoKiz-Verfahren erfolgte durch die kriteriengeleitete Auswertung einer Synopse von national verfügbaren und etablierten Beobachtungsverfahren, um eine ganzheitliche Erfassung relevanter Kompetenzbereiche zu gewährleisten. Die Angemessenheit der hier bereitgestellten Merkmalsliste wurde von pädagogischen Fachkräften in Berlin in drei Wellen[2] erprobt und unter Einbeziehung wissenschaftlicher Expertise überarbeitet. Die daraus entstandenen „Auswertungshilfen" (Heft 2) stellen einen Fundus an möglichen Entwicklungsschritten dar, die sich Kinder in ihren Bildungsprozessen aneignen. Diese Entwicklungsschritte sind sach- und inhaltsbezogen in Kompetenzbereichen erkennbar. Darin integriert sind die für die kindliche Entwicklung bedeutsamen basalen Kompetenzen im lebenspraktischen Kontext.

Als weitere Unterteilung standardisierter Beobachtungsverfahren gelten vergleichende Verfahren, die eine Einordnung in einen typischen Entwicklungsverlauf zulassen und eine Einschätzung des individuellen Entwicklungstandes im Vergleich mit Anderen ermöglichen. Diese Verfahren umfassen in der Regel eine spezifischere Auswahl an Merkmalen, die sich als besonders prädiktiv (vorhersehbar) bei der Identifikation von Entwicklungsrisiken herausgestellt haben (prädiagnostische Verfahren).

Das BeoKiz-Verfahren lässt eine Einordnung der Entwicklung in Abhängigkeit vom Lebensalter des Kindes zu. Dafür liegen wissenschaftlich abgesicherte Erkenntnisse darüber zugrunde, welche Aufgaben fast alle Kinder eines Lebensalters (etwa 90 bis 95 Prozent) bereits erfolgreich bewältigen. Zu zwei Zeiträumen,

---

2 I: 05-07/2021; II:03-06/2022; III: 03-09/2023

Das BeoKiz-Verfahren im Überblick

Beo-Legende

Hier lohnt es sich hinzuschauen!

Hier gibt es etwas zu beobachten.

Hier gibt es etwas zu notieren.

Hier gibt es eine Idee!

Hier tauschen wir uns aus.

Hier gibt es etwas zu planen.

Warum eigentlich ein Vogel?

Das Beo in BeoKiz steht zum einen für Beobachtung.

Aber der Beo ist auch eine Vogelart. Er gehört zur Familie der Stare und lebt in Teilen Südostasiens. Der Beo ist äußerlich eher unauffällig – gut erkennbare Merkmale sind ein orange-gelber Schnabel, gleichfarbige Beine und gelbe Hautlappen an den Kopfseiten. Den Beo charakterisieren jedoch vielmehr seine Fähigkeiten, die erst bei genauer Beobachtung erkennbar werden: Der Vogel ist neugierig, wehrhaft, furchtlos, lebhaft und teilweise lautstark – am meisten fällt er aber durch seine besondere Sprachfähigkeit auf, denn in der Tierwelt gilt er als regelrechtes Sprachtalent. Beos können Wörter oder Sätze äußern und sogar verschiedene Geräusche, die sie in ihrer Umgebung oft hören, nachahmen (wie die Türklingel, andere Tierlaute, Lachen, die menschliche Stimme und vieles mehr). Dies macht sie zu bemerkenswerten Vögeln.

Wir finden, dass der Beo mit seinen außergewöhnlichen – wenn auch nicht unbedingt auf den ersten Blick offensichtlichen – Fähigkeiten ein passendes Symbol für das BeoKiz-Verfahren ist: Denn auch die Beobachtung und Einschätzung von Kindern und ihrer Bildungsprozesse basiert auf einem bewussten Wahrnehmen und dem genauen Hinschauen, um die individuellen Stärken, Fähigkeiten und Kompetenzen zu erkennen, die jedes Kind mitbringt.

Beobachtung und Einschätzung im KiTa-Alltag: kindzentriert und ganzheitlich

Das Leben in der Kindertagesbetreuung mit Impulsen und Anforderungen für jedes Kind wie auch die verschiedenen Tätigkeiten während eines KiTa-Tages bieten vielseitige Bildungsanlässe. Diese sind sowohl bewusst und gezielt angeregt, als auch in alltäglichen und wiederkehrenden (Routine-)Situationen zu finden: Kinder bilden sich vordergründig und kontinuierlich durch eigenaktives Handeln und wechselseitige Anregungen innerhalb der Kindergemeinschaft sowie durch erwachsene Vorbilder. Sie sind aktive Gestaltende ihres Tuns und aus sich selbst heraus (intrinsisch) motiviert. Kinder mögen es, sich in forschende und entdeckende Bildungsprozesse zu begeben und sich damit ihre (Lebens-)Welt zu erschließen.

BeoKiz ist ein ganzheitliches Verfahren, mit dem die Bildungsprozesse von Kindern alltagsintegriert erkannt und dokumentiert werden können und Grundlage für die beobachtungsgestützte Anregung von Bildungsprozessen zur Förderung des Kindes.

Das BeoKiz-Verfahren umfasst die Beobachtung und Auswertung, daran anknüpfend die Dokumentation für das Portfolio sowie abschließend Ableitungen in die pädagogische Planung. Alle Punkte stellen sich im Detail wie folgt dar:

Beobachten eines Bildungs- und Entwicklungsprozesses

Alltagsintegrierte Beobachtung

Die alltagsintegrierte und bewusste Wahrnehmung der kindlichen Handlungen bildet die Grundlage für die Gestaltung von Bildungsprozessen. Bildungsprozesse von Kindern verlaufen ganzheitlich und sind eng an das unmittelbare Erleben und die Erfahrungen jedes einzelnen Kindes gebunden. Kinder erleben jeden Tag zum Beispiel Routineabläufe, Schlüsselsituationen, Ereignisse in ihrem (Lebens-)Umfeld, Aktivitäten, soziale Beziehungen, freies Spiel, pädagogische Angebote und nutzen sie für ihre Bildungsprozesse, um ihre Kompetenzen zu erweitern und zu stärken.

Über die alltagsintegrierte Beobachtung können pädagogische Fachkräfte an die verschiedenen Erfahrungen, Entwicklungen und Erlebnisse des Kindes anknüpfen. Dafür ist es wichtig, Bildungsprozesse im Alltag zu erkennen und zu nutzen: Bei der alltagsintegrierten Beobachtung steht das bewusste Wahrnehmen kindlicher Bildungsprozesse im Fokus.

Im BeoKiz-Verfahren nehmen pädagogische Fachkräfte Handlungen, Aktivitäten, Dialoge, Werke und Tätigkeiten des einzelnen Kindes und der Kindergemeinschaft bewusst und ressourcenorientiert wahr und bündeln diese. Sie hören zu, kommunizieren und interessieren sich für die Empfindungen, Gedanken und Erfahrungen der Kinder, um darin die Interessen, individuellen Voraussetzungen, sozialen Beziehungen sowie Bedürfnislagen des einzelnen Kindes und der Kindergemeinschaft als Grundlage für die Anregung von Bildungsprozessen zu erkennen.

Selbstgewählte oder selbstgestaltete Tätigkeit des Kindes

Für das Wahrnehmen von kindlichen Bildungs- und Entwicklungsprozessen ist grundsätzlich jede Situation geeignet. Als ideal haben sich selbstgewählte Tätigkeiten des Kindes erwiesen, da seine Motivation dabei besonders gut zu erkennen ist.

Kindgerechte Dokumentation des Bildungsprozesses: Es entsteht eine Portfolioseite.
(↗Portfolio)

Auswertung des Bildungsprozesses

Im zweiten Schritt des BeoKiz-Verfahrens werten pädagogische Fachkräfte die Beobachtung aus und erkennen den Bildungsprozess im Detail.

Unterschiedliche Herangehensweisen an den Auswertungsprozess der Beobachtung führen dazu, dass eine vertiefte, intensivere Auseinandersetzung mit den Bildungsprozessen jedes Kindes erfolgt und die Möglichkeiten der Förderung wie auch die Anforderungen an die Förderung erkennbar werden.

Erst durch eine Auswertung kann eine Beobachtung wirksam zur weiteren Begleitung und Förderung des Kindes genutzt werden.

Durch die fokussierte Auswertung einer Beobachtung können Handlungen, Äußerungen und Verhaltensweisen von Kindern besser eingeordnet und verstanden werden. Die Auswertung ermöglicht der pädagogischen Fachkraft das Erkennen und Verstehen des Bildungsprozesses:

- Welches Interesse leitet das Handeln des Kindes?
- Welche Entwicklungsschritte erkenne ich? Welche Kompetenz eignet sich ein Kind an?
- Wie kann das Kind angeregt und gefördert werden?

Mit jeder bewussten Beobachtung lernt die pädagogische Fachkraft ein Kind besser kennen. Auch ist es möglich und sinnvoll zu überprüfen, in welcher Weise geeignete Möglichkeiten zur Exploration und Partizipation für das Kind gegeben sind, um sich angemessen zu entfalten und an der Gruppe teilhaben zu können.

Die Auswertungsstruktur des BeoKiz-Verfahrens nutzt eine Handlung des Kindes und nimmt die Auswertung der Beobachtung dieser Handlung auf unterschiedlichen Ebenen vor, die sinnvoll miteinander verzahnt sind und aufeinander aufbauen: „prozessorientierte Beschreibung“, „merkmalsbasierte Entwicklungsbeschreibung“ (Kind im Vergleich mit sich selbst) und „vergleichende Entwicklungseinschätzung“ (↗„Drei Säulen eines Beobachtungssystems“). Dabei wird gleichzeitig ein kindzentrierter und ganzheitlicher Fokus aufrechterhalten.

Eine Handlung – verschiedene Auswertungsebenen.

Motivation des Kindes

Bei dieser Ebene fokussieren sich die pädagogischen Fachkräfte auf die Motivation des Kindes und nehmen Neugierde, Begeisterung und Leidenschaft für Themen und Handlungen wahr. In vom Kind ausgehenden (intrinsischen) Bildungsprozessen zeigt sich seine Motivation. Man kann diese Motivationen auch als „Beweis/Beleg“ für einen vom Kind ausgehenden Prozess verstehen: Jeder Bildungsprozess hat seinen Ursprung in der Motivation des Kindes.

Interessen des Kindes

Diese Auswertungsebene schließt an die Motivation des Kindes an: Interessen sind „der Motor“ des intrinsisch motivierten Lernens. Interessen von Kindern zeigen sich auf der Sach- und auf der Handlungsebene. Sie unterscheiden sich dadurch von der Motivationsebene, dass sie durch Anregungen mittels Materialbereitstellung oder Handlungsimpulsen anderer Kinder und Erwachsener geweckt werden können.

Zur individuellen Begleitung des Kindes in den eigenen Bildungsprozessen erkunden pädagogische Fachkräfte, von welchen Interessen das Kind bei seinen Handlungen geleitet wird und wie sich die Lebenswelt des Kindes darstellt. Sie knüpfen in der Alltagsgestaltung an, um die Förderung des Kindes durch lebensnahes praktisches Handeln anzuregen.

Umsetzung des BeoKiz-Verfahrens im KiTa-Alltag

Beobachtung der kindlichen Tätigkeit

- Alltagsintegrierte Beobachtung
- Selbstgewählte oder selbstgestaltete Tätigkeit des Kindes
- Alltägliche Aktivitäten des Kindes

Im ersten Schritt dieses Beobachtungsprozesses geht es darum, die Bildungsprozesse von Kindern wahrzunehmen.

Beobachtung ist ein bewusster, begleitender und zielorientierter Prozess, durch den Sie die Tätigkeiten, Verhaltensweisen und Interessen des Kindes bewusst wahrnehmen. Sie erkennen, was die Kinder tun, womit, mit wem und wie sie sich beschäftigen und wie sie handeln.

Im BeoKiz-Verfahren ist es wichtig, die Beobachtung alltagsintegriert durchzuführen. Das bedeutet, die Handlungen des Kindes im Alltag zu erkennen, bewusst wahrzunehmen und sich auf die Beobachtung einzustellen: Augen und Ohren zu öffnen, um bildungsrelevante Momente zu erkennen, wie sie vielfach im Alltag auftreten.

Verlassen Sie sich auf Ihre fachliche Intuition (auf ihr „Bauchgefühl") – wenn Sie im Alltag bei einer Situation innehalten, ist es ein gutes Anzeichen dafür, dass es ein bedeutsamer Moment ist und Sie einen Bildungsprozess in der Handlung des Kindes erkennen werden.

Kinder signalisieren den Wunsch nach Be(ob)achtung beziehungsweise Dokumentation einer Handlung, wenn es für sie bedeutsam ist.

Notieren und Dokumentieren

Um die Beobachtung als Grundlage für die individuelle Begleitung sowie für die Dokumentation zu nutzen, notieren Sie das Wahrgenommene stichpunktartig.

- ▶ Notieren Sie es so, dass Sie es auch im Nachgang nachvollziehen können.
- ▶ Damit Sie später die Beobachtung für das Kind nachvollziehbar im Portfolio dokumentieren (↗Portfolio), nutzen Sie Fotos, Fotostrecken oder Werke des Kindes, die während der Beobachtung entstehen.
- ▶ Fotografieren Sie so, dass aussagekräftige Fotos entstehen auf denen abgebildet wird, was in der Situation passiert.
- ▶ Einige Werke von Kindern sind nicht in ein Portfolio integrierbar. Fotografieren Sie diese Werke.

Reflexionsfragen für Ihre Notizen

- Warum habe ich innegehalten?
- Was finde ich bedeutsam?
- Welche Stärken sehe ich?
- Was passiert in der Situation?
- Was fällt mir sofort auf?
- Wer ist beteiligt?

▶ Emotionen sind erlaubt!

Den BeoKiz-Beobachtungsbogen finden Sie über den nebenstehenden QR-Code und unter nachfolgendem Link: https://www.berlin.de/sen/bildung/schule/bildungswege/ fruehkindliche-bildung/#beokiz

Rechte der Kinder

Das Kind entscheidet selbst, ob es bei der gezielten Beobachtung eines Bildungsprozesses fotografiert werden möchte.

Situationsbeschreibung (Stichpunkte)

Fotos, Fotostrecken, Werke des Kindes

Auswertung

Bei der Auswertung einer Beobachtung geht es darum, zu erkennen, was die Handlung leitet, was in dieser Situation passiert und welcher Bildungsprozess stattfindet.

Erst die bewusste Auswertung einer Beobachtung zeigt, was in der Handlung des Kindes steckt.

Die Beobachtungsauswertung erfolgt anhand von W-Fragen.

Wie eignet sich das Kind etwas an?
Was leitet das Kind? ▶ Motivation des Kindes

Womit beschäftigt sich das Kind? ▶ Interessen des Kindes

Welche Fähigkeiten zeigt das Kind? ▶ Entwicklung des Kindes

Wie wendet das Kind diese Fähigkeiten an? ▶ Kompetenzerweiterung

Wie weit ist ein Kind entwickelt? ▶ Entwicklungsschritte und „Berliner Meilensteine"

Die folgenden Ebenen und die dort aufgeführten Impulsfragen (sowie die ↗Auswertungshilfen, Heft 2) unterstützen Sie dabei, den Bildungsprozess des Kindes ganzheitlich zu erkennen und daraus eine individuelle pädagogische Förderung abzuleiten.

Die Impulsfragen regen zum Nachdenken und Eintauchen in die Beobachtung an.

Auswertungsebene: Motivation des Kindes ▶ subjektive Auswertung

Wie agiert das Kind in dem Aneignungsprozess, den ich beobachtet habe? Was leitet das Kind?

In jedem intrinsischen (vom Kind ausgehenden) Bildungsprozess zeigt sich eine Motivation des Kindes. Die Motivation bildet die Grundlage für den Bildungsprozess. Um den Prozess individuell und kindorientiert zu begleiten, ist es wichtig, die Motivation des Kindes sowie dessen Interessen zu erkennen.

Die den Bildungsprozess leitenden Motivationen sind beispielsweise

- Interesse
- Engagement
- Herausforderung suchen
- Mitwirken in der Kindergruppe
- sich mitteilen und kommunizieren

▶ ... als Beweis/Beleg für einen intrinsischen Bildungsprozess

Nicht jeder Punkt zeigt sich in jeder Situation.

Impulsfragen, um die Motivation des Kindes zu erkennen:

Woran erkenne ich, dass es ein intrinsisch motivierter (vom Kind ausgehender) Prozess ist?

- Woran erkenne ich das Engagement des Kindes?
- Wie zeigt sich das Engagement des Kindes in der Situation?
- Woran erkenne ich das Interesse des Kindes? Wie zeigt das Kind Interesse?
- Welche Herausforderung sucht das Kind? Wie hält das Kind Schwierigkeiten stand?
- Wie bringt das Kind sich in die Kindergruppe ein? Wie interagiert das Kind in der Gruppe?
- Wie kommuniziert das Kind? Wie drückt sich das Kind aus?

Notizen zur Auswertungsebene Motivation

Auswertungsebene: Interessen des Kindes ▶ subjektive Auswertung

Womit beschäftigt sich das Kind? Welches Interesse leitet die Tätigkeit des Kindes?

Die Interessen des Kindes sind eng verknüpft mit der Motivation:

Interessen zeigen sich auf der Sach- und auf der Handlungsebene.

Interessen sind die Motivation („der Motor“) des intrinsischen Lernens. Interessen von Kindern zeigen sich in ihren Handlungen sowie den Inhalten ihrer Handlungen. Sie bringen zum Ausdruck, was im Leben des Kindes aktuell eine Bedeutung hat, welche Fragen sie sich stellen und welche Erfahrungen und Erkenntnisse daraus resultieren.

Motivation und Interessen unterscheiden sich dadurch voneinander, dass Motivation aus dem Kind heraus entsteht, Interessen jedoch in der sozialen und materialen Interaktion angeregt werden (können).

Fragen oder Interessen von Kindern verbinden sich möglicherweise auch zu einem (Lebens-)Thema, welches als ‚roter Faden‘ erkennbar sein kann.

Um das Kind in den eigenen Bildungsprozessen individuell begleiten zu können und seine Kompetenzen zu erweitern, erkunden Sie, welche Interessen das Kind in der jeweiligen Situation leiten und wie sich die kindliche Lebenswelt darstellt.

Impulsfragen, um die Interessen des Kindes zu erkunden:

- Welche Interessen leiten die Handlung des Kindes?
- In welchen Situationen lässt sich das Kind auf Tätigkeiten ein? Wodurch wurde das Interesse geweckt?
- Welchem Interesse geht das Kind nach?
- Kehrt das Kind zum Interesse zurück?
- Gibt es einen ‚roten Faden‘ in der Handlung? Ist ein übergeordnetes Thema erkennbar?

Sie können lediglich Vermutungen darüber anstellen, welche Interessen das Kind mit seinen Handlungen verbindet – es braucht immer auch die Perspektive des Kindes.

Einladung zum Perspektivwechsel: Was hat die Tätigkeit des Kindes – aus Sicht des Kindes – zu einem sinnvollen Handeln gemacht?

Ideen zur Förderung des Kindes können Sie jederzeit in Ihren Alltag aufnehmen – auch ohne einen systematischen Auswertungsprozess.

Notizen zur Auswertungsebene Interessen

Auswertungsebene: Entwicklungsschritte und Kompetenzerweiterung

▶ objektive Auswertung

Ganzheitliche Bildungsprozesse von Kindern ermöglichen eine kontinuierliche Aneignung und Erweiterung von Kompetenzen. Um besondere Stärken und Begabungen oder Entwicklungsmöglichkeiten des Kindes wahrzunehmen, ist es (ebenso) erforderlich, die Entwicklungsschritte und Kompetenzerweiterung des Kindes zu erkennen. Dann können Sie das Kind in seinen Bildungsprozessen interessenorientiert und spezifisch fördern.

Einladung zum Perspektivwechsel: Was hat die Tätigkeit des Kindes – aus Sicht des Kindes – zu einem sinnvollen Handeln gemacht?

Entwicklung beschreibt die spezifische Fähigkeit eines Kindes, zum Beispiel die grobmotorische Fähigkeit des aufrechten Standes oder die koordinative Fähigkeit, ein Bein zu heben. Wenn diese Entwicklungsschritte in einem Sinnzusammenhang angewendet werden, wird der Begriff der Kompetenz verwendet. Das Kind nutzt zum Beispiel diese Fähigkeiten, um eine Treppe zu steigen (motorische und lebenspraktische Kompetenz).

Durch ganzheitliche Bildungsprozesse wenden Kinder ihre spezifischen Fähigkeiten (Entwicklungsschritte) kontextbezogen an, um sich Kompetenzen in verschiedenen Bereichen anzueignen.

Ganzheitliche Entwicklungsprozesse finden immer in unterschiedlichen Kompetenzbereichen statt. Diese sind untrennbar miteinander verbunden und einzelne Entwicklungsschritte sind meist mehreren Kompetenzbereichen zuzuordnen.

Impulsfragen, um die Kompetenzerweiterung des Kindes zu erkennen:

- Welche Entwicklungsschritte kann ich beobachten?
- Wie wendet das Kind spezifische Fähigkeiten (Entwicklungschritte) an?
- Welche Kompetenz eignet sich das Kind an?
- Gibt es spezielle Kompetenzbereiche, in denen sich das Kind entwickelt hat?
- Erkenne ich „Berliner Meilensteine“ in der Beobachtung?

Entwicklungsschritte können sehr gut im Spiel und in Schlüsselsituationen beobachtet werden.

Ideen zur Förderung des Kindes können Sie jederzeit in Ihren Alltag aufnehmen – auch ohne einen systematischen Auswertungsprozess.

Das Kind wendet seine **Entwicklungsschritte** in verschiedenen **Kompetenzbereichen** bezogen auf konkrete Fragestellungen und in Sinnzusammenhängen an und erweitert damit seine **Kompetenzen**.

Die ↗Auswertungshilfe im Heft 2 unterstützt Sie bei dem Erkennen von Entwicklungsschritten.

Berliner Meilensteine

Bei einer Beobachtung anhand der „Berliner Meilensteine“ (BeMs) geht es um das Einschätzen von erreichten Entwicklungsschritten und um eine wirksame und gezielte Förderung der individuellen Möglichkeiten eines jeden Kindes.

Die „Berliner Meilensteine“ dokumentieren Sie für jedes Kind separat in der Meilensteinliste des Kindes (↗Einschätzung der „Berliner Meilensteine“). Diese finden Sie über den nebenstehenden QR-Code und unter nachfolgendem Link:
https://www.berlin.de/sen/bildung/schule/bildungswege/fruehkindliche-bildung/#beokiz

Die „Berliner Meilensteine“ sind so konzipiert, dass sie im Alltag beobachtbar sind. Sie sind in den ↗Auswertungshilfen (Heft 2) in die Entwicklungsschritte innerhalb der Kompetenzbereiche einsortiert und so angelegt, dass Sie die „Berliner Meilensteine“ bei einer kontinuierlichen Beobachtung des Kindes im Alltag erkennen, im Portfolio dokumentieren und in die Meilensteinliste des Kindes eintragen können.

Um Entwicklungsprozesse aufzuzeigen und zu dokumentieren, tragen Sie das Datum der Beobachtung ein. So können Sie für jedes Kind nachvollziehen, in welchem ungefähren Zeitrahmen es sich den jeweiligen „Berliner Meilenstein“ angeeignet hat.

Erkenntnisse aus Momentaufnahmen im Alltag können Sie jederzeit auch ohne den systematischen Beobachtungsprozess in die Meilensteinliste des Kindes eintragen. Eine mögliche Gegenüberstellung unterschiedlicher Kompetenzbereiche kann dabei beispielsweise zur Identifikation von Interessen und Stärken des jeweiligen Kindes dienen.

Notizen zur Auswertungsebene Entwicklungsschritte und Kompetenzerweiterung

- Stärkenorientierte Rückmeldungen zu den erreichten Entwicklungsschritten geben.
- Aktiv zuhören mit echtem Interesse an der Perspektive des Kindes.
- Authentisch sein – Begeisterung ist erlaubt!
- Rückmeldungen der Kinder notieren – diese sind ebenso bedeutsam wie Ihre Erkenntnisse.
- Gemeinsam weitere Schritte überlegen – Ideen und Wünsche des Kindes erfahren (↗Kindorientierte Planung: Beobachtungsbasierte Anregung von Bildungsprozessen).

Impulse für den Dialog mit dem Kind...

- Wie hat das Kind die Situation erlebt? Wie habe ich die Situation erlebt?
- Wie hat sich das Kind dabei gefühlt? Welche Emotionen habe ich empfunden?
- Was ist dem Kind leicht oder schwer gefallen?
- Was war für das Kind besonders bedeutsam? Wie interpretiere ich die Interessen?
- Wie hat es das geschafft? Welche Herausforderung habe ich wahrgenommen?
- Wie würde das Kind die Handlung noch einmal aufgreifen?
- Würde das Kind dasselbe noch einmal ausprobieren?
- Welche Bildungsgelegenheiten kann ich gestalten?
- Was würde das Kind beim erneuten Handeln anders machen?
- Was hat das Kind Neues gelernt?
- Was hat das Kind geschafft? Wie habe ich den Bildungsprozess wahrgenommen?
- Was möchte das Kind als Nächstes schaffen? Was braucht das Kind, damit es seine Ziele erreichen kann?

... auf die das Kind verbale und nonverbale Antworten geben kann.

U3-Bereich: Besonders im Stadium der nonverbalen Kommunikation agiert das Kind meist über Mimik, Gesten und Körpersprache sowie Signale und reagiert entsprechend. Sie können zum Beispiel über das gemeinsame Betrachten der Fotos und ihrer sprachlichen Begleitung den Spracherwerb des Kindes anregen.

O-Ton Kind, Aussagen/Zitate des Kindes...

Beobachtung als dialogisches Verfahren – Austausch über die Beobachtung im Team

Die Beobachtungen werden in regelmäßigen Besprechungen im Team analysiert. Der Austausch zu zweit beziehungsweise im Klein- oder Großteam über die Bildungsprozesse eines Kindes erfolgt entlang der Dokumentation und damit bezogen auf eine bestimmte Beobachtung und Situation. Durch einen fokussierten Dialog im Team können Sie Informationen, Eindrücke und die individuellen Sichtweisen auf die Aktivität des Kindes aus verschiedenen Perspektiven betrachten und gegebenenfalls in ein (Lebens-)Thema des Kindes einordnen.

Dabei braucht es ein Bewusstsein für bereits erfolgte Entwicklungsschritte im Verhältnis zu dem, was das Kind aus eigener Kraft erreicht (hat) und was es als Nächstes erreichen kann beziehungsweise welches die „Zone der nächsten Entwicklung“ ist und in welcher Weise gefördert werden kann.

Bezogen auf die Interessen, Entwicklungsprozesse sowie sozialen Interaktionen des Kindes zeigt sich möglicherweise ein ‚roter Faden‘ (Thema) in den Aktivitäten des Kindes.

Die Sichtweisen der Kolleginnen und Kollegen sind immer wertvoll. Ihr Blickwinkel wird dadurch erweitert, ergänzt und zuweilen auch korrigiert.

Sie können im Team lediglich Vermutungen darüber anstellen, welchen Sinn das Kind mit seinen Handlungen verbindet – es braucht immer auch die Perspektive des Kindes.

Anregungen zum Austausch im Team

- Legen Sie regelmäßig Termine für den Austausch über Beobachtungen fest.
- Einigen Sie sich auf Ziele für den Austausch.
- Nutzen Sie bewusst „Garten- und Gruppengespräche“.
- Verwenden Sie Board, Pinnwand, Klebezettel oder Ähnliches, worüber sich alle zum Kind oder zur Beobachtung austauschen können.
- Versehen Sie Fotos unabhängig voneinander mit Notizen.

Impulsfragen für den Austausch im Team, um den Bildungsprozess des Kindes einzuordnen

- Wie erleben wir das Kind in den verschiedenen Bildungsprozessen?
- Welche Interessen erkennen wir bei dem Kind?
- Welche Entwicklungsschritte zeigt das Kind?
- Welche Kompetenzbereiche fokussiert das Kind?
- Wie unterstützt dieser Bildungsprozess das ‚Lebenslange Lernen‘ des Kindes?

Daraus abgeleitet überlegen Sie gemeinsam die nächsten Schritte für das Kind (↗Kindorientierte Planung: Beobachtungsbasierte Anregung von Bildungsprozessen).

Wie können Sie die Erkenntnisse aus der Beobachtung nutzen? Können Sie daraus neue Pläne, Materialien und Aktivitäten für das Kind oder die Gruppe ableiten? Welche konkrete Förderung sollten Sie planen?

Protokoll, Notizen zum Austausch im Team

Kindorientierte Planung: Beobachtungsbasierte Anregung von Bildungsprozessen

Beobachtung des Kindes als Grundlage der pädagogischen Planung

Die Erkenntnisse aus den alltagsintegrierten Beobachtungen des Kindes oder der Kindergemeinschaft bilden die Brücke für Ihre kindorientierte Planung zur Gestaltung von Bildungsmöglichkeiten. Sie verstehen die Interessen und Bedürfnisse der Kinder und beziehen das pädagogische Handeln gezielt darauf.

Eine beobachtungsbasierte Planung kann von einem situativen, bewussten Handeln in Interaktionen mit Kindern bis zu einer mittelfristigen Gestaltung von Bildungsmöglichkeiten reichen.

Aufbauend auf den Auswertungsebenen (Motivation, Interesse, Entwicklungsschritte und Kompetenzerweiterung) erfolgt die Planung von konkreten Schritten und Impulsen zur individuellen Begleitung des Kindes, um Bildungsprozesse ganzheitlich und spezifisch zu fördern und die Kompetenzen des Kindes zu erweitern.

> Ideen zur Förderung des Kindes können Sie jederzeit in Ihren Alltag aufnehmen – auch ohne einen systematischen Auswertungsprozess.

Kindorientierte Bildungsmöglichkeiten sind so gestaltet, dass Kinder herausgefordert sind, die „Zone der nächsten Entwicklung“ zu erreichen. Das ist der Bereich, in dem ein Kind mit Begleitung und Anregung von Erwachsenen oder anderen Kindern in der Lage ist, seine Kompetenzen weiterzuentwickeln und die nächsten Schritte seiner Entwicklung zu gehen. Um spezifische Impulse zu setzen, ist es bedeutsam, die „Zone der nächsten Entwicklung“ zu kennen. Dadurch wird sichergestellt, dass Kinder angeregt und motiviert werden, ihre Kompetenzen einzubringen und weiterzuentwickeln.

Jede pädagogische Anregung ist geleitet von der Begeisterung, Neugierde und Freude am (Er-)Forschen und dem aktiven Engagement der Kinder.

Planungsschritte

- Welche Möglichkeiten können wir schaffen, um das Kind in den eigenen Interessen zu unterstützen und zu fördern?
- Wie können die Interessen des Kindes in den verschiedenen Kompetenzbereichen gefördert werden?
- Bietet die Alltagsgestaltung ausreichend Ressourcen zur selbstbestimmten Tätigkeit des Kindes?
- Wie können wir die Bildungsprozesse des Kindes ganzheitlich fördern?
- Welche Materialien können wir ergänzen, um das Kind anzuregen?
- Wie kann ich Angebote, Aktivitäten und den pädagogischen Alltag so gestalten, damit jedes Kind mit seinen Fähigkeiten und Interessen barrierefrei teilhaben kann (beispielsweise durch Analyse der Materialien und strukturellen Bedingungen)?
- Welche Ressourcen sind dafür notwendig?
- Wie können individuelle Bildungsprozesse angeregt, ermöglicht oder vertieft werden?
  - Aktivitäten
  - Materialien
  - Projekte

> Eine vorbereitete Umgebung und eigenständig erreichbare Materialien unterstützen die ganzheitlichen Erkundungs- und Bildungsmöglichkeiten.

- Wie kann das Kind im eigenen Handeln unterstützt werden?
- Wie können wir das Maß an Unterstützung gegebenenfalls verändern oder anpassen (sowohl verstärken als auch verringern)?
- Welche Anregungen oder Veränderungen braucht es für das spezifische Kind oder die Kindergemeinschaft?
- Wie ordnen sich unsere Anregungen in das ‚Lebenslange Lernen' ein?

Die Umgebung sollte so gestaltet sein, dass Bildungsprozesse ganzheitlich stattfinden können. Ihre Aufgabe als pädagogische Fachkraft ist es, den Rahmen dafür zu schaffen, dass Kinder Möglichkeiten erfahren oder wahrnehmen können, sich in diese Bildungsprozesse zu begeben und daraus folgend ihre Kompetenzen zu erweitern.

Einschätzung der „Berliner Meilensteine" – Die „BeoKiz-Ampel" als Unterstützungsinstrument

Die „BeoKiz-Ampel" stellt ein Unterstützungswerkzeug für Sie dar. Sie soll dabei helfen, die Entwicklungsschritte und -möglichkeiten der Kinder zu erkennen und Ihre Aufmerksamkeit darauf zu lenken, welche Handlungs- und Erfahrungsmöglichkeiten dem Kind zur Verfügung stehen, um die spezifische Förderung des Kindes daran zu orientieren.

Zur „BeoKiz-Ampel" gelangen Sie über den nebenstehenden QR-Code und unter nachfolgendem Link: https://Portal.beokiz.de

Zu den Alterszeiträumen bis 2,5 und 4,5 Jahre erfolgt eine Einschätzung des Entwicklungsstandes anhand der „Berliner Meilensteine" (BeMs). Die „Berliner Meilensteine" sind so konzipiert, dass deren Beobachtung alltagsintegriert möglich ist und Sie diese sukzessive in der Meilensteinliste des Kindes dokumentieren.

Eine Vorlage zur Meilensteinliste des Kindes finden Sie über den nebenstehenden QR-Code und unter nachfolgendem Link:
https://www.berlin.de/sen/bildung/schule/bildungswege/fruehkindliche-bildung/#beokiz

Es kann vorkommen, dass die kontinuierliche Beobachtung nicht alle „Berliner Meilensteine" zu den jeweiligen Zeiträumen abdeckt. Daher ist es für Kinder im Alter von 2,5 und 4,5 Jahren erforderlich, dass die Angaben über die noch fehlenden „Berliner Meilensteine" fokussiert und nachgetragen werden, um ein ganzheitliches Bild des Entwicklungsstandes abzubilden.

Entwicklungsdomänen

Die „Berliner Meilensteine" sind in der Meilensteinliste des Kindes und in der „BeoKiz-Ampel" nach sogenannten Entwicklungsdomänen geordnet. Dabei handelt es sich um eine Kategorisierung von Entwicklungsschritten aufgrund übergeordneter entwicklungspsychologischer Merkmale, anhand derer eine vergleichende Einordnung möglich ist.

Die Entwicklungsdomänen im BeoKiz-Verfahren sind:
- Sprache (S)
- soziale Entwicklung (SE)
- Gefühle (G)
- Selbstregulation (SR)
- kognitive Funktionen (KF)
- Grobmotorik (GM)
- Feinmotorik (FM)
- Vorwissen zum Lesen, Schreiben, Rechnen (LSR)

Diese Systematik wird deshalb notwendig, weil das Erreichen von Entwicklungsschritten in ganzheitlichen Bildungsprozessen und Kompetenzbereichen sichtbar wird. Diese Kompetenzbereiche sind untrennbar miteinander verbunden und einzelne Entwicklungsschritte sind meist mehreren Bereichen zuzuordnen. Eine vergleichende Einschätzung ist nur dann möglich, wenn diese Entwicklungsschritte aus den verschiedenen Kompetenzbereichen systematischen übergeordneten Entwicklungsdomänen zugeordnet werden.

Die „BeoKiz-Ampel" in der Anwendung

Wenn Sie alle Angaben für das 2,5- beziehungsweise 4,5-jährige Kind in der Meilensteinliste des Kindes zusammengetragen haben, können Sie mithilfe der „BeoKiz-Ampel" den Entwicklungsstand des Kindes einordnen.

Dazu kreuzen Sie das entsprechende Kästchen an. Folgende vier Möglichkeiten bietet die Skala:

0 Noch nicht
Ich bin mir sicher, dass das Kind das Verhalten noch nicht zeigt.

1 In ersten Ansätzen
Ich habe bereits erste Versuche/Anzeichen für entsprechendes Verhalten beobachtet. Das Kind ist noch dabei, die Fähigkeit zu erlernen und hat sie noch nie genau so gezeigt, wie im Meilenstein beschrieben.

2 Weitgehend
Im Prinzip kann das Kind das entsprechende Verhalten zeigen, aber ich habe es bislang nur in wenigen Ausnahmefällen beobachtet oder nicht genau so, wie im Meilenstein beschrieben.

3 Zuverlässig
Das Kind zeigt das Verhalten häufiger genau so, wie im Meilenstein beschrieben. Ich habe das Kind dabei mehrfach beobachten können.

Um Entwicklungsprozesse aufzuzeigen, ist es hilfreich, wenn Sie unter das gesetzte Kreuz das Datum der Beobachtung ergänzen. So können Sie für jedes Kind nachvollziehen, in welchem ungefähren Zeitrahmen es sich den jeweiligen „Berliner Meilenstein" (BeMs) zuverlässig angeeignet hat.

Wichtig ist, dass zu den Eintragungszeitpunkten von 2,5 und 4,5 Jahren ein aktuelles und ganzheitliches Bild des Entwicklungsstandes abgebildet ist. Dies ist nötig, um eine zuverlässige Aussage über mögliche Entwicklungsrisiken zu ermöglichen.

Übertragen Sie dazu die „Berliner Meilensteine" in die Weboberfläche der „BeoKiz-Ampel". Dabei ist ein Zeitraum von zwei Wochen vor bis zwei Wochen nach 2,5 oder 4,5 Jahre zulässig.

Die „BeoKiz-Ampel" in der Auswertung

Als Auswertung wird Ihnen auf der Webseite für jede Entwicklungsdomäne eine in drei Farben gestufte Ampel angezeigt. Die Auswertung erfolgt
- indem einzelne Meilensteine (bezogen auf die jeweilige Entwicklungsdomäne) gewichtet werden und
- als Querschnitt für die Entwicklungsdomäne insgesamt.

Für jede Entwicklungsdomäne wird eine eigene Ampel angezeigt. Die Bereiche werden dabei unabhängig voneinander ausgewertet.

Eine pädagogische Planung, abgeleitet aus den Erkenntnissen der Beobachtungsauswertung und zur individuellen Begleitung eines Kindes, erfolgt immer unabhängig von der Auswertung der Ampel. Nutzen Sie diese Auswertung dazu, um eine spezifische Förderung des Kindes anzuregen.

„Berliner Meilensteine" einordnen – Die „BeoKiz-Ampel" als Unterstützungsinstrument

Eine grüne Ampel zeigt an, dass sich die Entwicklung des Kindes in eine altersgemäß typische Entwicklung einordnet. Das heißt, es entwickelt sich so, wie die meisten Kinder in diesem Altersbereich.

- altersgemäß typische Entwicklung
- individuelle Begleitung des Kindes bei den nächsten Entwicklungsschritten

➡Beobachtung, Auswertung und kindorientierte Planung sowie Förderung entsprechend BeoKizVerfahren

Eine gelbe Ampel zeigt an, dass das Kind von Anregungen im jeweiligen Bereich profitieren könnte.

- Reflexion der Abläufe, Materialien und Angebote innerhalb des KiTa-Alltags
- Was tun wir, um die Teilhabe des Kindes zu ermöglichen?
- Hat das Kind ausreichend Möglichkeiten für Bildungsprozesse? Stehen genügend Materialien zur Verfügung?
- Lebenssituation und -umfeld des Kindes reflektieren und berücksichtigen
- individuelle Begleitung des Kindes bei seinen nächsten Entwicklungsschritten – Fokussierung auf Kompetenzbereiche
- Überprüfung nach drei Monaten

Das aktuelle Lebensumfeld und der Lebenskontext des Kindes können mögliche Informationen über die derzeitige Entwicklung bieten (↗Beobachtung als dialogisches Verfahren). Eine genauere Betrachtung der Entwicklungsschritte, die nicht als „Berliner Meilensteine" (BeMs) gekennzeichnet sind, kann hier ebenfalls ein Ansatzpunkt sein.

➡Beobachtung, Auswertung und kindorientierte Planung sowie Förderung entsprechend BeoKiz-Verfahren unter besonderer Berücksichtigung der Teilhabemöglichkeiten
➡Förderung der identifizierten Entwicklungsdomänen (aufbauend auf Stärken und Interessen des Kindes)

Die fokussierte Förderung in den identifizierten Bereichen wird durch eine erneute Eintragung (über die Webseite) nach rund drei Monaten überprüft. Zeigt die Ampel weiterhin gelb, bleibt das besondere Augenmerk bestehen. Bitte reflektieren Sie dann die bisherigen Unterstützungsangebote und nehmen Sie bei Bedarf Anpassungen vor, um die Teilhabemöglichkeit des Kindes zu gewährleisten.

Eine rote Ampel deutet mit höherer Wahrscheinlichkeit auf ein Entwicklungsrisiko in der entsprechenden Domäne hin. Das heißt, nur wenige Kinder in diesem Altersbereich haben die jeweiligen Entwicklungsschritte noch nicht erreicht. Dies kann auf unterschiedliche Faktoren zurückgehen.

- erste Anzeichen eines Entwicklungsrisikos
- Reflexion der Abläufe, Materialien und Angebote im KiTa-Alltag
- Kennen wir das Kind gut genug oder müssen wir uns um eine bessere Beziehung bemühen?
- Können wir die Lernumgebung verändern durch Materialtausch oder -anreicherung?
- Verstehe ich, was das Handeln des Kindes aus seiner Sicht zu einem sinnvollen Tun macht („worum es dem Kind geht")?
- Bieten wir dem Kind ausreichend Möglichkeiten für seine Interessen? Hat es alles, was es von uns braucht?
- Lebenssituation und -umfeld des Kindes berücksichtigen

- individuelle Begleitung des Kindes bei dessen nächsten Entwicklungsschritten mit einer Fokussierung auf die identifizierten Bereiche (aufbauend auf den Stärken und Interessen des Kindes)
- Was kann ich zum Abbau von Barrieren beitragen?
- Einbeziehung der Eltern
- Überprüfung nach vier Wochen

➡ Beobachtung, Auswertung und kindorientierte Planung sowie Förderung entsprechend BeoKiz-Verfahren
➡ Berücksichtigung der Teilhabemöglichkeiten
➡ Fokussierung der identifizierten Entwicklungsdomänen
➡ alltagsintegrierte Fördermöglichkeiten planen und umsetzen (aufbauend auf den Potenzialen, Interessen und sozialen Beziehungen des Kindes)

Bleibt die Ampel nach Ablauf der vier Wochen weiterhin auf Rot, ist in einem terminierten Gespräch mit den Sorgeberechtigten eine externe weiterführende Entwicklungsdiagnostik zu thematisieren.

Berliner Teilhabe- und Förderplan

Bei einem diagnostizierten Förderbedarf (das heißt, Kinder mit einem erhöhten oder wesentlich erhöhten Förderbedarf) wird im Land Berlin der „Berliner Teilhabe- und Förderplan“ angewendet. Die dort verankerten Fragen sind mit dem BeoKiz-Verfahren abgestimmt und leiten Sie durch den Beobachtungsprozess. Alle anderen Aspekte des BeoKiz-Verfahrens bleiben unberührt. Das heißt, die kindorientierte Dokumentation von Bildungsprozessen, der Austausch mit dem Kind sowie im Team und die daraus abgeleitete kindorientierte Planung erfolgen für jedes Kind.

Portfolio –
Das Buch des Kindes

Portfolio

Das Portfolio ist das Buch des Kindes – seine individuelle Bildungsbiografie. Es spiegelt die Lebenswelt des Kindes wider und bildet seine individuelle Persönlichkeit ab. Ein Portfolio macht Bildungsprozesse sichtbar und zeigt die für das Kind relevanten Menschen, Ereignisse, Situationen, Interessen sowie Stärken und Begabungen auf, um den individuellen Lebensweg sichtbar zu machen.

Portfolio
= Bildungsbiografie
= Buch des Kindes

Um diese eigene Bildungsbiografie für das Kind sichtbar und bewusst zu machen, bedarf es einer kindgerechten Dokumentationsform, aus der Kinder ihre eigenen Bildungsprozesse, Erlebnisse und Erfahrungen erkennen, reflektieren und sich an sie erinnern können. Das Portfolio begleitet das Kind dabei, sich der eigenen Stärken und seiner Kompetenzerweiterung bewusst zu werden.

Das Portfolio unterstützt das Kind bei der Entwicklung eines positiven Selbstkonzeptes.

Portfolio – mit dem Kind und für das Kind

Basis für ein Portfolio ist ein ganzheitliches Beobachtungskonzept, das auf einer wertschätzenden und ressourcenorientierten Beobachtung aufbaut. Um diese individuellen Bildungsprozesse auch für das Kind sichtbar und bewusst zu machen, braucht es eine kindgerechte Dokumentationsform sowie einen nachvollziehbaren (chronologischen) Aufbau. Dazu eignen sich

- Fotos und Fotostrecken,
- Piktogramme,
- Symbole,
- Werke des Kindes,
- Erinnerungsstücke von Ausflügen oder
- andere kindgerechte Darstellungsformen.

Nutzen Sie Ihre Notizen (oder Erinnerungen) ergänzend zu den sprach- und schriftfreien Dokumentationsformen, um Sätze, Kommentierungen, Briefe oder Lerngeschichten an das Kind zu formulieren: Das Kind lernt so, die eigenen Bildungsprozesse nachzuvollziehen. Außerdem setzt es sich mit den eigenen Interessen, Fragen und Bedürfnissen intensiv auseinander. Es kann lernen, die eigenen Fähigkeiten und Talente wahrzunehmen und zu schätzen.

Das Portfolio ist Eigentum des Kindes.

Das Kind ist in die Gestaltung des Portfolios und dessen Inhalte aktiv einbezogen und entscheidet selbstbestimmt, was es als bedeutsam erachtet und folglich im Portfolio verwahrt. Das Buch ist jederzeit für das Kind zugänglich und einsehbar.

Sie können Seiten auch ohne das Kind gestalten. Dem Kind obliegt jedoch die Entscheidung, ob diese im Portfolio verwahrt werden. In gleicher Weise entscheidet das Kind eigenständig, mit wem es die Inhalte teilen möchte.

Portfolio – gemeinsame Reflexion im Dialog

Damit das Portfolio mehr ist als eine Sammlung von Fotos und Ereignissen, sind der gemeinsame Austausch und die gemeinsame Reflexion über die Inhalte von besonderer Bedeutung. Das Portfolio bietet durch die kindorientierte Dokumentationsform vielfältige Sprechanlässe und bildet die Grundlage zum Austausch über die Beobachtung mit dem Kind. In der gleichberechtigten, dialogischen Interaktion reflektiert das Kind mit Ihnen, relevanten Bezugspersonen und/oder anderen Kindern den eigenen Bildungsweg sowie Erlebnisse (↗Beobachtung als dialogisches Verfahren).

> Von einem kindgerecht gestalteten Portfolio profitiert jedes Kind – es ist FÜR das Kind.

Die Interaktion und der Dialog mit dem Kind ermöglichen es, den Inhalt gemeinsam zu interpretieren, die für das Kind bedeutsamen Aspekte zu erkunden sowie die aus Fachkräfteperspektive relevanten Beobachtungsaspekte einzubringen. So entstehen weitere Ansatzpunkte für die Anregung von Bildungsprozessen, basierend auf Ihren Impulsen und auch durch das Kind selbst.

Portfolio – Aufbau und Inhalt

Die Portfolioarbeit beginnt am ersten Tag in der Kindertagesbetreuung und endet mit dem Wechsel in die Grundschule.

Inhalte eines Portfolios

- Geburt, erste Zeit in der Familie
- Familie
- Zeit vor der KiTa
- Eintritt in die KiTa – Eingewöhnung
- Vorstellung der KiTa/der Pädagoginnen und Pädagogen/der Kindergruppe
- Kindergemeinschaft – Freunde
- Gruppenwechsel

- **Bildungsprozesse des Kindes**

- Erlebnisse in der Kindergemeinschaft (Feste, KiTa-Reise...)
- relevante Ereignisse (Geburt Geschwisterkinder, Umzug, Tod einer Bezugsperson...)
- Projektdokumentationen (Welchen Themen bin ichin der KiTa begegnet?)

- das letzte Jahr in der KiTa
- Abschied aus der KiTa

> **Gestaltungsideen für das Portfolio**
> - Ordner
> - Portfoliokisten
> - Ringbücher
> - Sammelmappen
> - Für jüngere Kinder können Ringbücher oder Schlüsselringe mit laminierten Seiten verwendet werden, sodass sie sich selbstständig mit ihrem Portfolio beschäftigen können.

> Es gibt kein „Richtig" oder „Falsch" bei einem Portfolio.

Gestalten Sie zum Geburtstag des Kindes im Portfolio einen Rückblick auf das letzte Lebensjahr – mit erreichten Entwicklungsschritten, relevanten Ereignissen und besonderen Aktivitäten. Sie können auch die Familien einladen, diese Seiten anzufertigen.

Kindgerechte und nachvollziehbare Portfolioseiten

Ich-Seiten

▶ kontinuierlich

Warum sind diese Seiten wichtig?

Die Entwicklung der Ich-Identität ist eine der wichtigsten Entwicklungsaufgaben in der frühen Kindheit. Diese zentrale Aufgabe begleitet jedes Kind kontinuierlich. Erst die Möglichkeit, das eigene „Ich" zu erkennen und es mit seinen Wünschen, Abneigungen und Vorlieben zu beschreiben, gestattet dem Kind auch eine Abgrenzung und somit Auseinandersetzung mit seiner Umwelt. Durch sogenannte „Ich-Seiten" im Portfolio lässt sich dieser Entwicklungsprozess begleiten. Kinder bauen eine individuelle Verbindung zu „ihrem" Portfolio auf und sind stolz auf ihr Buch.

Die Ich-Seiten zeigen das Kind in seinem Lebens- und Familienumfeld (außerhalb der KiTa). Auf den Ich-Seiten des Portfolios findet und erkennt sich das Kind selbst wieder. Die Seiten entstehen gemeinsam mit dem Kind (und gegebenenfalls den Familien) und sind ansprechend und verständlich für das Kind gestaltet. Die Ich-Seiten werden kontinuierlich über die gesamte Zeit in der KiTa erstellt und immer wieder ergänzt.

Nutzen Sie die Ich-Seiten für den Beziehungsaufbau zum Kind und zu den Familien!

Ideen und Anregungen für die Gestaltung der Ich-Seiten im Portfolio

Zeit vor der KiTa

- Mit wem war das Kind hauptsächlich zusammen?
- Gab es prägende Ereignisse und wie lassen sie sich als Wachstumsprozess für das „Ich" des Kindes darstellen?
- Gibt es Dinge aus der Zeit, die das Kind beruhigen/erfreuen/anregen/...?
- War das Kind schon in einer anderen Einrichtung/Kindertagespflege?

Familie

- Mit wem lebt das Kind zusammen? Welche Familienkultur (er-)lebt das Kind?
- Wie lebt die Familie?
- Welche Sprachen werden in der Familie gesprochen (zum Beispiel Wörter oder Botschaften in der Familiensprache notieren)? Wie kommuniziert das Kind? Welche Sprachen spricht das Kind?
- Gibt es besondere Rituale/Gewohnheiten und Traditionen innerhalb der Familie?

Fotos von Familienmitgliedern aufkleben.

Lebensumfeld

- Welche relevanten Bezugspersonen hat das Kind (Verwandte, Freunde der Eltern, Nachbarn, Babysitter...)?
- Welche Lebenswelten umgeben das Kind zusätzlich zur Familie?
- Welche Ereignisse erlebt das Kind außerhalb der KiTa?
- Welche Sprachen umgeben das Kind?
- Hat das Kind Freundschaften außerhalb der KiTa?

Lassen Sie von Bezugspersonen des Kindes einzelne Seiten im Portfolio gestalten.

Während der KiTa-Zeit

- Was sind die Interessen und Vorlieben des Kindes?
- Hat es Abneigungen gegen bestimmte Dinge?
- Welche Gewohnheiten und Rituale prägen den Alltag des Kindes?

Ich-Seiten laden zum Gespräch über die Lebenswelt des Kindes ein: über dessen Familie, das Lebensumfeld, Traditionen und Rituale... Tauschen Sie sich mit dem Kind aus, was es besonders wichtig/schön/bedeutsam/interessant/aufregend/spannend... findet! (↗Beobachtung als dialogisches Verfahren)

Die Einrichtung

▶ kontinuierlich

Warum sind diese Seiten wichtig?

Der Eintritt in eine KiTa, der Wechsel zwischen Einrichtungen oder ein Gruppen- oder Bereichswechsel sind für das Kind eine starke Veränderung der bekannten Strukturen und Tagesabläufe.

Der Beginn sowie Wechsel innerhalb der Einrichtung kann im Portfolio mit einer Seite (oder mehreren Seiten) dargestellt werden.

Damit Kinder sich nachvollziehbar erinnern können, ist eine Darstellung der unmittelbaren Lebensumgebung des Kindes besonders gut geeignet. Gezeigt wird also nicht nur die KiTa in ihrer Außendarstellung, vielmehr werden beispielsweise auch Innenräume, pädagogische Fachkräfte, die Kindergruppe und weitere Merkmale dargestellt.

Ideen und Anregungen für die Portfolio-Seiten

Die Einrichtung

- Darstellung des Gebäudes und des Außengeländes
- Welche Räume der KiTa sucht das Kind oft auf? Und was tut es dort?
- Wo fühlt sich das Kind wohl und woran erkenne ich das?
- Wo zeigen sich die Interessen des Kindes? Welche Materialien nutzt es?
- Welche (Funktions-)Räume gibt es?

Fotos, die aus dem Blickwinkel der Kinder aufgenommen werden, erhöhen den Wiedererkennungswert.

Die pädagogischen Fachkräfte

- Wer sind die engsten Bezugspersonen?
- Welche weiteren erwachsenen Personen sind für das Kind im Alltag wichtig?

Beziehen Sie die Kinderperspektive ein: Kinder gestalten die „Einrichtungsseiten" – mit Fotos von Lieblingsplätzen, geheimen Orten, interessanten Materialien, wichtigen Begegnungsstätten und so weiter!

Kindergemeinschaft

▶ kontinuierlich

Warum sind diese Seiten wichtig?

Über die Zeit in der KiTa lernt das Kind verschiedene Menschen kennen. Die Beziehungen innerhalb der Einrichtung, insbesondere zu seinen „Peers" (Gleichaltrige/Gleichgesinnte), werden bedeutungsvoller und bestimmen die Bildung und Entwicklung des Kindes mit.

Über Andere in der Gemeinschaft erhalten die Kinder Gelegenheit zum Perspektivwechsel und eignen sich an, sich emphatisch in Andere hineinzuversetzen und Anteilnahme zu zeigen. Die Kinder gehen in Aushandlungsprozesse und lernen die Ideen Anderer kennen. Sie erfahren unter anderem in der Gruppe, dass sie selbstwirksam sein können.

„Sich zugehörig fühlen" und „angenommen zu sein" sind elementare Grundvoraussetzungen für Bildungsprozesse!

Das Erleben von Gemeinsamkeiten und Unterschieden zu Anderen nimmt das Kind immer mehr wahr. Es spielt in unterschiedlichen Spielgemeinschaften, knüpft erste Freundschaften und löst diese zuweilen auch wieder auf. Eine gefestigte sozial-emotionale Entwicklung und Zugehörigkeit zu einer Kindergemeinschaft gehören für das Kind dazu. Beides bietet Sicherheit und Orientierung und stärkt das Kind zum Beispiel für Übergänge und andere herausfordernde Lebenssituationen.

Das Portfolio als Buch des Kindes sollte diese Beziehungen innerhalb der Kindergruppe kontinuierlich darstellen.

Freunde/Gruppen können sich gegenseitig Seiten gestalten.

Ideen und Anregungen für die Portfolio-Seiten

Enge Freundschaften

- Mit welchen anderen Kindern besteht häufig Kontakt?
- Welche Freundschaften bestehen außerhalb der Einrichtung?

Interaktionen in der Kindergruppe/Peer-Group

Spielprozesse

- Situationen aus der Kindergemeinschaft
- gemeinsames Erkunden und Erforschen
- gemeinsame Interessen und verbindende Themen
- Wie finden Aushandlungsprozesse statt und wie werden Entscheidungen getroffen?

Spielsituationen

- Was kann ich beobachten, wie nimmt das Kind teil?
- Was wird gespielt und wem kommt dabei welche Rolle und Aufgabe zu?

Essenssituationen

- Wo sitzt das Kind besonders gern?
- Mit wem bildet es häufig eine Tischgemeinschaft?

Übergänge gestalten

▶ kontinuierlich

Warum sind diese Seiten wichtig?

Übergänge im Kindesalter sind mit großen Veränderungen für alle Beteiligten verbunden. Sie gelten als besonders sensible Phasen im Leben des Kindes und sind als Entwicklungsanforderung und gleichzeitig als Auslöser für Bildungsprozesse zu sehen.

Für das Kind gilt es, Vertrauen zwischen sich und der verändernden Umwelt aufzubauen und sich gleichzeitig auf bisher bestehende Beziehungen zu verlassen (↗Ich-Seiten). Entsprechend ist es für intrinsisch motivierte Bildungsprozesse für Kinder von besonderer Bedeutung, dass sie sich einer Gruppe zugehörig und in ihrer Umgebung wohlfühlen (↗Kindergemeinschaft).

Als wichtige Lebensereignisse finden die Herausforderungen und Bewältigungen von Übergängen Platz im Portfolio. Zum einen, um den kontinuierlichen Lebensweg des Kindes aufzuzeigen und erinnerbar zu halten, zum anderen aber auch als stärkenorientierte Rückmeldung an das Kind, wie es den Herausforderungen begegnet ist. Alle beschriebenen Dokumentationen dienen als Grundlage für den Austausch mit dem Kind – über dessen Perspektive, Gefühle und Erinnerungen.

Ideen und Anregungen für die Portfolio-Seiten

Eingewöhnungsseiten

- Wie haben die einzelnen Personen die Eingewöhnung erfahren (Kind, pädagogische Fachkraft, Bezugsperson)? Bezugspersonen können aus ihrer Perspektive die Eingewöhnungszeit für das Portfolio dokumentieren.
- Welche Räume haben das Kind angesprochen? Wie hat es seine Interessen gezeigt?
- Wie geht es den Beteiligten? Fühlen sie sich wohl? Und woran erkenne ich das?
- Wie erleben die Familien und Bezugspersonen das Kind während und nach der Eingewöhnung zu Hause?
- Was berichtet das Kind zu Hause von der Eingewöhnung?

Einrichtungsseite Krippe ➡ Einrichtungsseite Elementarbereich

- Auch die Erfahrungen VOR dem Eintritt in die Einrichtung sollten noch in das Portfolio eingepflegt werden (Tagespflege, andere KiTa...).

Bezugspersonen erkenn- und erinnerbar halten

Übergangsseite/Abschiedsseite („Das möchten wir dir mit auf den Weg geben“)

„Wechseltag“ oder Abschied dokumentieren

Kommen Sie mit dem Kind ins Gespräch:
- Wann hat es bereits Übergänge gemeistert?
- Was war dem Kind dabei besonders wichtig und was ist als bedeutsam in Erinnerung geblieben?

Das Portfolio im letzten Jahr vor der Schule

Warum sind diese Seiten wichtig?

Im letzten Jahr in der Einrichtung gewinnt der Übergang in den Schulbereich an Bedeutung. Dieser Wechsel stellt für ein Kind eine große Veränderung dar. In der Schule wird es Teil einer neuen Kindergruppe – gleichzeitig gilt es, sich von der vertrauten Kindergemeinschaft zu lösen und zu verabschieden. Auch der Loslöseprozess des Kindes von Ihnen ist Teil des letzten Jahres in der KiTa. Neues und Unbekanntes stehen bevor.

Meist lernt das Kind in diesem Jahr, mit starken Emotionen wie Stolz, Freude, aber auch Unbehagen umzugehen. Um den Übergang gut zu begleiten, kann es dem Kind helfen, die bisherigen Bildungsprozesse sowie die angeeigneten Kompetenzen stärkenorientiert zu betrachten.

Auch für die Familien und relevanten Bezugspersonen ist das letzte Jahr in der KiTa eine aufregende Zeit. Am Übergang in die Schule ist es daher besonders wichtig, dass das Kind selbst und seine Eltern wissen, welche Kompetenzen es sich bereits angeeignet hat. Es gilt, die ganzheitliche Bildung noch einmal in den Mittelpunkt zu stellen.

Zum aktiven Austauschen und Reflektieren mit den Kindern eignet sich die Arbeit mit dem Portfolio. Kinder, Familien und Sie selbst erhalten durch die Dokumentation einen Überblick über die erworbenen Kompetenzen des Kindes. Auf dieser Grundlage werden die aktuellen Bildungsprozesse im Hinblick auf einen gelingenden, kindorientierten Übergang in die Grundschule geplant.

Den Blick auf die Stärken und Kompetenzen des Kindes fokussieren – gemeinsam die Bildungsprozesse feiern!

Ideen und Anregungen für die Portfolio-Seiten

Kinder können ihr Portfolio – wenn sie wollen – im letzten Jahr der KiTa der Gruppe vorstellen.

- Zeigen Sie vielfältige Bildungsprozesse ganzheitlich auf.
- Fokussieren Sie die „Kompetenzen zum Übergang in die Grundschule“ (KÜGs).
- Legen sie einen besonderen Fokus auf die soziale Gruppe/Freundschaften des Kindes (der Übergang in die Schule ist für viele Kinder zugleich der erste Abschied von bisherigen Freundschaften).
- Laden Sie das Kind ein, eigene Stärken und Interessen im Portfolio selbst darzustellen und eigene Seiten zu gestalten.
- Gab es Besonderheiten, die die Zeit des Kindes in der KiTa geprägt haben? Hat das Kind herausfordernde Lebenssituationen gemeistert?
- Gestalten sie gemeinsam mit dem Kind Seiten mit „Highlights“ aus der KiTa-Zeit (gemeinsame Erinnerungen).

Literaturverzeichnis

Alemzadeh, Marjan (2021): Wahrnehmendes Beobachten in Krippe und Kindertagespflege: Partizipatorische Didaktik. Herder.

Andres, Beate; Laewen, Hans-Joachim (2011): Das infans-konzept der Frühpädagogik. Bildung und Erziehung in Kindertagesstätten. verlag das netz.

Carr, Margaret; Lee, Wendy (2012): Learning Stories – Construction Learner Identities in Early Education. Sage Publications Ltd.

Cloos, Peter; Schulz, Marc (2011): Beobachtung und Dokumentation von Bildungsprozessen. In: Stamm, Margrit; Edelmann, Doris (Hrsg.): Handbuch frühkindliche Bildungsforschung (S. 787-800). Springer VS.

Empfehlung des Rates vom 22. Mai 2019 zu hochwertiger frühkindlicher Betreuung, Bildung und Erziehung (2019): Amtsblatt der Europäischen Union, C 189, 4–14. CELEX.

Fröhlich-Gildhoff; Klaus, Nentwig-Gesemann; Iris, Leu; Hans Rudolf (2011): Forschung in der Frühpädagogik IV. Schwerpunkt: Beobachten, Verstehen, Interpretieren, Diagnostizieren. FEL.

Fröhlich-Gildhoff; Klaus, Strohmer, Janina (2011): Untersuchungen zum Stand von Beobachtung, Dokumentation und Diagnostik in Kindertageseinrichtungen. In: Fröhlich-Gildhoff, Klaus; Nentwig-Gesemann, Iris; Leu, Hans Rudolf (Hrsg.): Forschung in der Frühpädagogik IV. Schwerpunkt: Beobachten, Verstehen, Interpretieren, Diagnostizieren, 37–68. FEL.

Heilig, Lena; Pauen, Sabina (2013): Wie wirkt sich die Beobachterrolle auf die Beurteilungen frühkindlicher Entwicklung in verschiedenen Bereichen aus? Ein Vergleich der MONDEY Entwicklungsdokumentationen von Eltern und pädagogischen Fachkräften. Frühe Bildung, 2(3), 14–151.

Hildebrandt, Frauke (2020): Kognitiv anregende Interaktionen im KiTa-Alltag gestalten – Warum es wichtig ist und wie es geht. In: Müller, Gabriele; Thümmler, Ramona (Hrsg.): Frühkindliche Bildung zwischen Wunsch und Wirklichkeit. Neues zur Kindheits- und Familienpädagogik. Beltz Juventa.

Hildebrandt, Frauke; Scheidt, Alexander; Hildebrandt, Andrea; Hédervári-Heller, Éva; Dreier, Annette (2016): Sustained shared thinking als Interaktionsformat und das Sprachverhalten von Kindern. Frühe Bildung 5(2), 82–90.

Knauf, Helen; Lepold, Marion (2021): The children's voice – how do children participate in analog and digital portfolios?, European Early Childhood Education Research Journal, 29(5), 669–682. Online verfügbar unter https://doi.org/10.1080/1350293X.2021.1906291, zuletzt geprüft am 22.04.2024.

Knauf, Helen (2017): Lerngeschichten als narratives Assessment in der Elementarpädagogik: Eine empirische Untersuchung des Konzepts in deutschen Kindertageseinrichtungen. Springer Fachmedien.

Knauf, Helen (2019): Bildungsdokumentation in Kindertageseinrichtungen. Springer VS.

Kultusministerkonferenz KMK; Jugend- und Familienministerkonferenz JFMK (2022): Gemeinsamer Rahmen der Länder für die frühe Bildung in Kindertageseinrichtungen. Online verfügbar unter https://www.kmk.org/fileadmin/veroeffentlichungen_beschluesse/2004/2004_06_03-Fruehe-Bildung-Kindertageseinrichtungen.pdf, zuletzt geprüft am 22.04.2024.

Leu, Hans Rudolf (2011): Einführungsbeitrag: Beobachten, Verstehen, Interpretieren, Diagnostizieren. Zur Kontroverse über eine zentrale Aufgabe frühpädagogischer Fachkräfte. In: Fröhlich-Gildhoff, Klaus; Nentwig-Gesemann, Iris; Leu, Hans Rudolf (Hrsg.): Forschung in der Frühpädagogik IV. Schwerpunkt: Beobachten, Verstehen, Interpretieren, Diagnostizieren, 15–36). FEL.

Leu, Hans Rudolf; Flämig, Katja; Frankenstein, Yvonne; Koch, Sandra; Pack, Irene (2007): Bildungs- und Lerngeschichten. Bildungsprozesse in früher Kindheit beobachten, dokumentieren und unterstützen, 8. Auflage. verlag das netz.

Lichtblau, Michael (2021): Kindliche Interessen im Fokus der Fachkraft-Kind-Interaktion. In: Mackowiak, Katka: Wadepohl, Heike; Beckerle, Christine (Hrsg.): Interaktionen im KiTa-Alltag gestalten – Grundlagen und Anregungen für die Praxis. Kohlhammer Verlag.

Lichtblau, Michael (2018): Kindliche Interessen beobachten und fördern. Online verfügbar unter https://www.KiTa-fachtexte.de/fileadmin/Redaktion/Publikationen/KiTaFT_Lichtblau_ II_2018_kindliche Interessenbeobachtenundfoerdern.pdf, zuletzt geprüft am 22.04.2024.

Mayr, Toni; Bauer, Christina; Krause, Martin (2014): KOMPIK – Begleitendes Handbuch für pädagogische Fachkräfte. Bertelsmann Stiftung.

Organisation für wirtschaftliche Zusammenarbeit und Entwicklung (OECD, 2020): Early Learning and Child Well-being: A Study of Five-year-Olds in England, Estonia, and the United States, OECD Publishing, Paris.

Pauen, Sabina (2011): Vom Baby zum Kleinkind. Spektrum Akademischer Verlag.

Pauen, Sabina (2018): Vom Baby zum Kleinkind: Beobachtung, Begleitung und Förderung in den ersten Jahren. Springer-Verlag.

Pauen, Sabina; Heilig, Lena; Danner, Daniel; Haffner, Johann; Tettenborn, Andrea; Roos, Jeanette (2012): Milestones of Normal Development in Early Years (MONDEY). Konzeption und Überprüfung eines Programms zur Beobachtung und Dokumentation der frühkindlichen Entwicklung von 0 – 3 Jahren. Frühe Bildung, 1(2), 64–70.

Pauen, S. (2024). MONDEY - Milestones of Normal Development in Early Years. OSF. https://doi.org/10.17605/OSF.IO/9DCTW

Preissing, Christina; Heller, Elke (2019): Qualität im Situationsansatz. Qualitätskriterien und Materialien für die Qualitätsentwicklung in Kindertageseinrichtungen. 5. Auflage. Cornelsen Scriptor.

Rat der Europäischen Union (2019): Empfehlung des Rates von 22. Mai 2019 zu hochwertiger frühkindlicher Betreuung, Bildung und Erziehung. Amtsblatt der Europäischen Union 2019/C 189/02.

Rintakorpi, Kati (2016): Documenting with early childhood education teachers: pedagogical documentation as a tool for developing early childhood pedagogy and practices. Early Years, 36(4), 399–412.

Schmidt, Thilo; Smidt, Wilfried (2021): Selbstbildung, Ko-Konstruktion oder Instruktion?. Zeitschrift für Pädagogik, 67(2), 251–274.

Senatsverwaltung für Bildung, Jugend und Familie (2018): Berliner Bildungsprogramm für KiTas und Kindertagespflege. Aktualisierte und korrigierte Auflage. verlag das netz.

Ständige Wissenschaftliche Kommission der Kultusministerkonferenz (2022): Basale Kompetenzen vermitteln – Bildungschancen sichern. Perspektiven für die Grundschule. Online verfügbar unter https://www. kmk. org/ fileadmin/Dateien/pdf/KMK/SWK/2022/SWK-2022-Gutachten_Grundschule.pdf, zuletzt geprüft am 22.04.2024.

Vereinte Nationen (1989): Konvention über die Rechte des Kindes.

Viernickel, Susanne (2020): Beobachtung und Dokumentation. In: Braches-Chyrek, Rita; Röhner, Charlotte; Sünker, Heinz; Hopf, Michaela (Hrsg.): Handbuch Frühe Kindheit (S. 559–570). Verlag Barbara Budrich.

Viernickel, Susanne; Völkel, Petra (2022). Beobachten und Dokumentieren im pädagogischen Alltag (1. Auflage). Verlag Herder.

Wustmann Seiler: Corina, Kammerer; Carina; Villiger, Arna (2022): „Jetzt sehe ich, was mein Kind für Fortschritte macht!" – Wie verändern die „Bildungs- und Lerngeschichten" die Bildungs- und Erziehungspartnerschaft mit Eltern?. Frühförderung interdisziplinär, 41(4), 184–198.

Wygotski; Lev Semjonowitsch (1987). Denken und Sprechen. Beltz.

BeoKiz

Berliner Meilensteine
2,5 Jahre und 4,5 Jahre
(BeMs)

Senatsverwaltung für Bildung, Jugend und Familie
BERLIN

Berliner Meilensteine 4,5 Jahre

	Sprache
	Wortschatz
S.09	Konkrete Bezeichnungen für Objekte verwenden Das Kind benennt Personen, Tiere, Gegenstände etc.
S.10	Bezeichnungen für abstrakte Dinge verwenden Das Kind benennt Dinge, die man nicht anfassen kann (zum Beispiel Woche, Lied, Gefühl).
S.11	Konkrete Tätigkeitsbeschreibungen verwenden Das Kind nutzt Wörter, die konkrete und direkt beobachtbare Handlungen beschreiben (zum Beispiel malen, laufen, essen).
S.12	Zeitbegriffe benennen und unterscheiden Das Kind zeigt Verständnis für Zeitbegriffe (gestern, heute, morgen oder morgens, mittags, abends).
S.13	Raumbeziehungen benennen und unterscheiden Das Kind zeigt Verständnis für Lagebezeichnungen (vor, hinter, unter, über, zwischen, neben). Es verwendet mehrere dieser Wörter in passenden Zusammenhängen.
	Grammatik auf Wortebene
S.14	Steigerungsform von Adjektiven Das Kind steigert Adjektive korrekt (zum Beispiel hoch, höher, am höchsten; gut, besser, am besten).
S.15	Beugung von Verben Das Kind beugt Verben in der Regel korrekt (zum Beispiel: „Ich gehe, du gehst, er/sie/es geht“).
	Grammatik auf Satzebene
S.16	Nebensätze bilden Das Kind bildet Sätze, die aus mindestens zwei Satzteilen bestehen (zum Beispiel: „Ich frage mich, was Du in der Tasche hast?“/ „Gib mir den Teddy, den ich so mag!“).
	Pragmatik im Sprachgebrauch
S.17	Entscheidungsfragen stellen Das Kind stellt ein Verb an den Anfang seiner Frage (zum Beispiel: „Magst du das auch?“ oder „Spielen wir zusammen?“).
S.18	W-Fragen verstehen Das Kind versteht die Bedeutung unterschiedlicher W-Wörter (zum Beispiel wer, warum, wie, wann, wo).
S.19	W-Frage stellen Das Kind nutzt unterschiedliche W-Wörter (zum Beispiel wer, wie, was, wo, wieso, weshalb, warum, wohin, wozu).
	Längere sprachliche Äußerungen verstehen und produzieren
S.20	In verständlicher Weise über Erfahrungen berichten Das Kind berichtet von einer Erfahrung oder einem Erlebnis so, dass man es nachvollziehen kann (zum Beispiel von einem Ausflug, einem Fest, vom Alltag).
S.21	Geschichten sprachlich komplex wiedergeben Das Kind nutzt beim Nacherzählen von Geschichten Fürwörter (er, sie, es) und Bindeworte (zum Beispiel und, weil, aber). Außerdem macht es konkrete Zeitangaben (zum Beispiel danach, jetzt, plötzlich).
S.22	Kurze Aufträge verstehen Das Kind versteht Aufträge, die aus zwei oder mehr verschiedenen Tätigkeiten bestehen (zum Beispiel: „Zieh dir bitte die Jacke aus und komm dann zu mir.“).
S.23	Argumentieren Das Kind verwendet Argumente, um eine andere Person von seiner Position zu überzeugen. Es begründet seine Position mit unterschiedlichen Argumenten.

Soziale Entwicklung

Spielverhalten in der Gemeinschaft

SE.05	Gemeinsames Konstruktionsspiel mit einem Plan Das Kind baut mit einem anderen Kind gemeinsam ein Spielszenario auf und spricht sein Vorhaben dabei ab.
SE.06	Kompetitives Regelspiel Das Kind beteiligt sich an kompetitiven Regelspielen wie zum Beispiel Würfel-, Brett-, Bewegungs- oder Kartenspiele, bei denen es darum geht, zu gewinnen.

Soziale Beziehung innerhalb der Kindergemeinschaft

SE.07	Kontaktaufnahme zu anderen Kindern Das Kind nimmt von sich aus Kontakt zu anderen Kindern auf (zum Beispiel am Spiel teilnehmen, nebeneinandersitzen, gemeinsames Betrachten eines Buches).
SE.08	Auf Kontaktangebot anderer Kinder reagieren Das Kind geht auf Kontaktangebote anderer Kinder ein (zum Beispiel zum gemeinsamen Spiel) oder lehnt diese ab.
SE.09	Wünsche und Vorlieben anderer Kinder berücksichtigen Das Kind berücksichtigt die Wünsche und Vorlieben anderer Kinder (beispielsweise bei der Auswahl von Spielen oder Spielmaterial) im eigenen Handeln oder es fragt nach deren Wünschen und Vorlieben.

Kooperation innerhalb der Kindergemeinschaft

SE.12	Gemeinschaftsaufgabe arbeitsteilig erledigen Das Kind beteiligt sich bereitwillig an der Erledigung von Pflichten gegenüber der Gemeinschaft (zum Beispiel Tisch decken, aufräumen).

Gemeinschaftsfähigkeit

SE.13	Ungerechtigkeiten benennen Das Kind teilt einem Erwachsenen oder einem Kind mit, wenn es dessen Entscheidung oder Handlung ungerecht findet.
SE.14	Regeln und Verbote hinterfragen Das Kind hinterfragt den Sinn und Zweck von Verboten und Regeln (zum Beispiel Erwachsenen oder Kindern gegenüber).

Theory of Mind

SE.15	Gefühle darstellen Das Kind gibt vor, bestimmte Gefühle zu haben (zum Beispiel Schmerz, Traurigkeit, Furcht, Freude), etwa im Rollenspiel.
SE.16	Andere Perspektiven einnehmen Das Kind zeigt Verständnis dafür, dass jeder Mensch anders über die gleiche Sache denken kann. Auch wenn die Perspektive eines Anderen von seiner eigenen abweicht, kann es sie erfassen.

Gefühle

Körperzustände und Gefühle erkennen

G.06	Selbstfürsorge Das Kind berücksichtigt eigene körperliche Zustände und verhält sich passend (zum Beispiel sucht Ruhe, wenn es müde ist; zieht sich aus, wenn ihm heiß ist; holt sich etwas zu trinken, wenn es durstig ist).
G.07	Gefühle erklären Das Kind benennt den Grund für seine Gefühle (zum Beispiel: „Ich bin stolz, weil ich das allein geschafft habe!“).
G.08	Körperzustände und Gefühle Anderer erklären Das Kind erkennt und benennt den Grund für die Körperzustände oder Gefühle eines anderen Menschen (zum Beispiel: „Er weint, weil er sich weh getan hat/sich ärgert/traurig ist.“).

Selbstregulation

Emotionen

SR.01	Selbstregulation bei Emotionen Dem Kind gelingt es, wenn es emotional aufgebracht ist (Freude, Ärger, Wut, Enttäuschung, Aufregung), sich selbst zu beruhigen oder es drückt seine Gefühle aus, ohne Andere körperlich oder verbal anzugehen.

Zielorientierung

SR.04	Zielorientierung halten Das Kind zeigt Vertrauen in seine eigenen Fähigkeiten, wenn es etwas schaffen möchte. Zum Beispiel, indem es trotz mehrerer Versuche probiert, das Ziel zu erreichen.

	Kognitive Funktionen
	Ordnen
KF.03	Gefäße ineinander stellen Das Kind fügt unterschiedlich große Gefäße (zum Beispiel Plastiktöpfchen) ineinander.
KF.04	Sortierverhalten Das Kind sortiert Gegenstände nacheinander nach verschiedenen Merkmalen (beispielsweise erst nach der Form und anschließend nach der Farbe).
	Planen und Probieren
KF.08	Planvoll und strukturiert handeln Das Kind führt spontan mehrere Handlungsschritte durch, die alle zusammenhängen und auf ein übergeordnetes Ziel hinführen (zum Beispiel erst Einzelteile bauen/basteln, dann alles zusammenfügen).
	Visuelle Aufmerksamkeit
KF.09	Aufmerksam betrachten Das Kind betrachtet konzentriert einen unbewegten Gegenstand (zum Beispiel ein Bild, eine Pflanze).
KF.10	Gezielte visuelle Suche Das Kind sucht gezielt bestimmte Objekte unter vielen anderen (zum Beispiel auf Wimmelbildern oder in einer Spielkiste).
	Visuelle Merkfähigkeit
KF.11	Memory spielen Das Kind findet bei Memory-Spielen (28 Teile) zielsicher zwei gleiche Teile unter mindestens 10 verbleibenden, wenn diese vorher bereits einmal oder mehrmals aufgedeckt wurden.
	Akustische Aufmerksamkeit
KF.12	Aufmerksamkeitsdauer beim Zuhören Das Kind hört einige Minuten ruhig und aufmerksam einem Musikstück, einer Geschichte oder einem Gespräch (in einer Sprache, die dem Kind vertraut ist) zu.
KF.13	Gezieltes Hören Das Kind hört gezielt aus einem Lied oder aus einem Gespräch ein bestimmtes Wort heraus. Das Wort sollte kein Personenname sein.
KF.14	Mehrsilbige Wörter oder Zahlenreihen nachsprechen Das Kind kann ein mehrsilbiges Fantasiewort (zum Beispiel ri-so-la-mi) oder eine zufällige Zahlenreihe (wie 9-3-7-1) nach einmaligem Hören richtig nachsprechen.
KF.15	Lieder, Reime oder Sprüche spontan erinnern Das Kind gibt von sich aus Teile von bekannten Liedern, Reimen oder Sprüchen wieder.
	Phonologische Bewusstheit
KF.16	Silben erkennen Das Kind unterteilt längere Wörter in Silben (zum Beispiel durch Klatschen der Silben).
	Konzentration
KF.17	Konzentration bei selbstständiger Aktivität Das Kind beschäftigt sich selbstständig und ohne sich ablenken zu lassen mit dem gleichen Material und verfolgt dabei ein Ziel.
	Forschen
KF.18	Erforschen und Experimentieren Das Kind verändert beim Experimentieren von sich aus einzelne Aspekte einer Situation, um herauszufinden, welche Auswirkungen das hat (zum Beispiel, was passiert, wenn man etwas dazulegt, wegnimmt, verschiebt, erwärmt).

	Vorwissen zum Lesen, Schreiben, Rechnen
	Lesen
LSR.01	Ein geschriebenes Wort erkennen Das Kind erkennt seinen eigenen Namen oder ein anderes Wort am Schriftbild wieder.
LSR.02	Einstellige Zahlen erkennen und benennen Das Kind erkennt und benennt mindestens fünf verschiedene, einstellige Ziffern in seiner Umgebung.
	Zahlenreihe bilden und abzählen
LSR.03	Menge von fünf Elementen abzählen Das Kind zählt eine Menge mit bis zu fünf Elementen (zum Beispiel Bonbons, Steine) korrekt ab.

Grobmotorik

	Körperkoordination
GM.04	Sprung mit Gegenbewegung von Armen und Beinen Das Kind zeigt eine Sprungfigur, bei der sich Arme und Beine jeweils in entgegengesetzte Richtung bewegen (zum Beispiel Hampelmann).
GM.05	Auf einer Schaukel Schwung holen Das Kind holt auf der Schaukel sitzend selbstständig Schwung und schaukelt sich nach oben.
	Springen
GM.08	Aus der Höhe einer zweiten Treppenstufe springen Das Kind springt von der zweiten Treppenstufe oder einer anderen Ebene ähnlicher Höhe und kommt sicher wieder im Stand auf, ohne das Gleichgewicht zu verlieren (kein Ausfallschritt, kein Abfangen mit der Hand).
GM.09	Vorwärtssprung mit beiden Beinen Das Kind springt mit beiden Beinen gleichzeitig vorwärts und kommt sicher auf beiden Füßen auf, ohne das Gleichgewicht zu verlieren (kein Ausfallschritt, kein Abfangen mit der Hand).
	Werfen/Fangen/Kicken
GM.12	Ball mit dem Fuß kicken Das Kind kickt einen (mittelgroßen) Ball zielgerichtet mit dem Fuß weg.
	Steuerung von Bewegungen
GM.13	Plötzliches Losrennen Das Kind rennt nach einem Startsignal sofort los und beschleunigt schnell.
GM.14	Plötzlicher Bewegungsstopp Das Kind stoppt sich nach Stoppsignal sofort aus dem Laufen ab und kommt zum Stehen.

Feinmotorik

	Handgeschicklichkeit Alltagssituationen
FM.05	Flüssigkeiten einschenken/umfüllen Das Kind füllt selbstständig Flüssigkeit aus einer (kindgerechten) Flasche oder Kanne in ein Glas, ohne etwas zu verschütten.
FM.06	Schraubverschluss öffnen und schließen Das Kind öffnet und schließt selbstständig ein Gefäß mit schmalem Durchmesser und Schraubdeckel.
FM.07	Einfachen Knoten machen Das Kind macht einen einfachen Knoten (zum Beispiel beim Geschenk einpacken, Schuhe binden).
	Umgang mit Stiften
FM.09	Stift im Dreipunktgriff halten und zeichnen Das Kind hält einen Stift im Dreipunktgriff (zwischen Daumen-, Zeige,- und Mittelfinger) und zeichnet damit.
FM.10	Formen ausmalen Das Kind malt eine Form so aus, dass nur wenig freie Fläche bleibt und der Rand kaum übermalt wird (zum Beispiel eigene Motive, Ausmalbilder).
	An- und Ausziehen
FM.14	Langärmeliges Oberteil an- oder ausziehen Das Kind zieht ein langärmeliges Oberteil selbstständig über Kopf an oder aus.
FM.15	Schuhe anziehen und schließen Das Kind zieht ein Paar Schuhe selbstständig an (Zuordnung rechter und linker Fuß stimmt) und macht alle Verschlüsse zu.
	Handgeschicklichkeit beim Basteln und Werken
FM.16	Runde Formen ausschneiden Das Kind schneidet selbstständig eine runde Form mit der Schere aus und weicht kaum von der Linie ab.
FM.17	Komplexe eckige Formen ausschneiden Das Kind schneidet selbstständig eine komplexe Form (zum Beispiel Tannenbaum, Stern) mit der Schere so aus, dass die Form eindeutig erkennbar ist.
FM.18	Eine Kugel formen Das Kind formt (eigenständig) mit beiden Händen eine Kugel (zum Beispiel aus Knete, Teig oder Ton).

Berliner Meilensteine 2,5 Jahre

	Sprache
	Wörter
S.01	Mindestens 50 unterschiedliche Wörter aktiv verwenden Das Kind hat einen aktiven Wortschatz von mind. 50 verschiedenen Wörtern (dazu zählen auch Wörter aus anderen Sprachen oder Fantasiewörter).
	Besondere Wörter
S.02	Verwendung von Mehrzahlwörtern Das Kind benennt Objekte in Mehrzahl und verändert dafür das Wortende (zum Beispiel „Autos" statt „Auto"). Wortformbildungen wie „Mädchens" gelten auch.
S.03	Verwendung von Farbwörtern Das Kind benennt die Farbe eines Gegenstandes in verschiedenen Situationen zutreffend.
S.04	Verwendung der Wörter „Ich" und „du" Das Kind spricht von sich selbst als „ich" und benennt sein Gegenüber als „du".
	Sätze
S.05	Einfache Sätze verstehen Das Kind zeigt durch sein Verhalten, dass es einen Satz versteht, obwohl sich die Bedeutung nicht aus der Situation erschließen lässt und keine Gesten zur Verständigung eingesetzt werden.
S.06	Zweiwortsätze bilden Das Kind bezieht zwei verschiedene Wörter sinnvoll aufeinander (zum Beispiel: „Puppe weg", „Mama laufen", „Lilo groß", „Papa Auto"), sodass sie eine Bedeutungseinheit bilden.
S.07	Drei- und Mehrwortsätze bilden Das Kind bildet einfache Sätze, die aus drei oder mehr Wörtern bestehen (zum Beispiel: „Mama, Auto fahren", „Papa, Spielplatz gehen").
S.08	Sprechen in anderen Zeiten Das Kind bildet Sätze, in denen es Aussagen über die Zukunft oder Vergangenheit trifft, indem es das Verb verändert.

	Soziale Entwicklung
	Spielverhalten in der Gemeinschaft
SE.01	Assoziatives Spiel Das Kind spielt und beobachtet dabei ein anderes Kind (zum Beispiel im Sandkasten). Es nimmt Anteil, indem es das andere Kind nachahmt oder dessen Aktivitäten kommentiert.
SE.02	Bewegungsspiel Das Kind spielt ein Spiel, für das es andere Kinder braucht und sich bewegen muss (zum Beispiel Fangen, Ballspiele, Verstecken).
SE.03	Rollenspiel Das Kind versetzt sich in eine Rolle (zum Beispiel Verkäufer, Ärztin, Prinzessin). Es können Verkleidungen oder Spielfiguren zum Einsatz kommen.
SE.04	Kooperatives Regelspiel Das Kind beteiligt sich an kooperativen Spielen, für die es spezielles Spielmaterial und festgelegte Regeln gibt (zum Beispiel: „Erster Obstgarten", „Maskenball der Käfer").
	Kooperation innerhalb der Kindergemeinschaft
SE.10	Teilen Das Kind teilt Nahrung, Getränke oder Spielmaterial freiwillig und von sich aus mit einem anderen Kind.
SE.11	Spontanes Helfen Das Kind zeigt spontan Bemühungen, Andere bei der Erreichung ihrer Ziele zu unterstützen.

BeoKiz

Kompetenzen zum Übergang in die Grundschule (KÜGs)

Senatsverwaltung für Bildung, Jugend und Familie | BERLIN

	Lebenspraktische Kompetenzen
1	Das Kind organisiert sich im Alltag. Beispiele: selbstständiges Anziehen, Dinge aufräumen, Eigenverantwortung für Materialien und persönliche Dinge übernehmen
2	Das Kind kann sich bei Mahlzeiten selbst versorgen. Beispiele: Trinkflasche und Brotdose öffnen und schließen, mit Besteck umgehen, einschenken
3	Das Kind ist über einen längeren Zeitraum konzentriert in einer Handlung. Beispiele: Bau eines Werkes (aus Papier, Sand, Bausteinen, Elektroteilen); puzzeln; ergründen, wie etwas funktioniert
4	Das Kind handelt bei Herausforderungen zielorientiert. Beispiele: bei kniffligen Aufgaben eine Lösung finden; Handlungen wiederholen; sich nicht entmutigen lassen, wenn etwas nicht sofort funktioniert; andere Lösungswege ausprobieren
5	Das Kind sucht aktiv Unterstützung, wenn es etwas nicht verstanden hat oder nicht weiterkommt. Beispiele: nachfragen, sich etwas zeigen lassen, um Hilfe bitten
6	Das Kind tritt für die eigene Meinung, die eigenen Wünsche und Bedürfnisse angemessen ein. Beispiele: „Ich möchte in den Garten spielen gehen, weil ich nicht müde bin."/„Von diesem Reis möchte ich nichts essen, ich habe ihn schon mehrmals probiert und er schmeckt mir immer noch nicht gut."
7	Das Kind orientiert und bewegt sich frei innerhalb der KiTa. Beispiele: etwas aus einer anderen Gruppe holen, jemandem den Weg ins Leitungsbüro zeigen, den eigenen Rucksack aus der Garderobe holen, eigenständig in den Außenbereich gehen
8	Das Kind beachtet Verkehrsregeln. Beispiele: bei einer grünen Ampel gehen und an einer roten Ampel stehen bleiben, bei Ausfahrten achtsam sein, Fahrradwege erkennen, auf dem Gehweg bleiben, beim Warten an der Straße hinreichend Abstand zum Verkehr halten

	Sprachliche Kompetenzen
1	Das Kind spricht Hauptsätze mit korrekter Wortstellung auch in flexiblen Satzstrukturen. Beispiele: „Morgen besuche ich meine Omi."/„Ich besuche morgen meine Omi."/„Meine Omi besuche ich morgen."
2	Das Kind verbindet Hauptsätze mit Nebensätzen sinnvoll. Beispiele: „Wenn ich mit Zähneputzen fertig bin, spiele ich mit Thelma."/„Ich habe alles mit einer anderen Farbe übermalt, damit das Bild noch schöner ist."
3	Das Kind spricht Silben und Anlaute deutlich aus. Beispiele: Tischsprüche, Reime, Anlautbilder, Quatschreime
4	Das Kind verwendet verschiedene abstrakte Verben (zum Beispiel mentale, zeitliche oder personengebundene Verben). Beispiele: „Karim liebt Vanilleeis."/„Ich vergesse mein Kuscheltier in der KiTa."/„Morgens beeile ich mich immer."/„Ich helfe Paul gern beim Tischdecken."
5	Das Kind verwendet verschiedene abstrakte Nomen (zum Beispiel mentale, zeitliche oder personengebundene Nomen). Beispiele: „Ich habe Angst in der Dunkelheit."/„Carlotta hat das meiste Wissen über Dinosaurier."/„Ich komme im Sommer in die Schule."/„Mir ist Freundschaft wichtig."
6	Das Kind beantwortet Fragen (W-Wörter) sinnhaft. Beispiele: „Wer war auf dem Spielplatz dabei?"/„Womit haben die Kinder gespielt?"/„Was hast du gehört?"/„Wohin seid ihr gefahren?"/„Warum ist der Himmel blau?"
7	Das Kind gibt Geschichten und Handlungsabläufe in sinnhafter Weise wieder. Beispiele: Geschichte mit Beginn, Verlauf und Abschluss nacherzählen; über Ereignisse berichten; Spielregeln und -abfolgen erklären
8	Das Kind erkennt Buchstaben aus seinem Namen in einem Schriftbild wieder. Beispiele: in Büchern, auf dem Speiseplan, auf Garderobenschildern, in Beschriftungen von Ladengeschäften

	Soziale Kompetenzen
1	Das Kind zeigt Bemühungen, Freundschaften zu pflegen. Beispiele: Spielangebote unterbreiten, auf andere Kinder zugehen, sich am Spiel beteiligen, Nähe zu bestimmten Kindern suchen, sich mit anderen Kindern am Nachmittag verabreden
2	Das Kind trägt zu einer gelingenden Verständigung innerhalb der Kindergemeinschaft bei. Beispiele: Konflikte verbal und sachlich klären, bei Konflikten vermitteln, nachfragen, um Erklärung bitten, argumentieren, bei Aufgaben gemeinsam handeln
3	Das Kind zeigt, dass es Meinungen, Überzeugungen und Perspektiven Anderer akzeptiert beziehungsweise toleriert. Beispiele: Lösungsideen anderer Kinder umsetzen, Mehrheitsentscheide mittragen, sachlich diskutieren, eigene Meinung kennzeichnen („ich finde, dass..."), andere Perspektiven verbal spiegeln, Konsens finden
4	Das Kind hält ihm bekannte Gemeinschaftsregeln ein. Beispiele: KiTa-Vereinbarungen, Spielregeln, An- und Abmeldung
5	Das Kind akzeptiert in der Regel Entscheidungen von Erwachsenen, wenn diese begründet werden. Beispiele: mit Sonnencreme eincremen, um die Haut vor einem Sonnenbrand zu schützen; Hausschuhe anziehen, damit man nicht ausrutscht; Einhalten der gemeinsam ausgehandelten Regeln für Tobespiele

	Emotionale Kompetenzen
1	Das Kind zeigt durch sein Verhalten, dass es seine eigenen körperlichen Zustände berücksichtigt. Beispiele: sucht Ruhe, wenn es müde ist; zieht sich aus, wenn ihm zu warm ist; holt sich etwas zu trinken, wenn es durstig ist; sucht die Toilette auf, wenn es das Bedürfnis hat
2	Das Kind drückt Freude, Lust, Ärger, Enttäuschungen etc. aus (auf eine Art und Weise, die den Ausdruck individueller Emotionen zulässt und dabei soziale Regeln weitestgehend beachtet). Beispiele: lacht, weint, jubelt, umarmt jemanden, verschränkt die Arme, verbalisiert das Gefühl, stampft mit dem Fuß auf
3	Das Kind benennt unterschiedliche Gefühle im eigenen Erleben. Beispiele: „Nein, ich bin nicht einfach so sauer, ich finde es unfair, wenn ich die Sachen wegräumen soll, ich habe damit nicht gespielt.“/„Jetzt regnet es und ich bin enttäuscht, weil wir nicht auf den Spielplatz gehen. Und auf den Regen kann ich nicht sauer sein, das ist noch blöder.“
4	Das Kind berücksichtigt Gefühle Anderer im eigenen Handeln. Beispiele: „Lieblingsspiel“ des Freundes mitspielen; im Spiel abwarten, wenn ein anderes Kind auf der Hängebrücke ängstlich ist; beim Bauen einer Höhle eine Seite offen lassen, weil ein anderes Kind sich bei Dunkelheit fürchtet
5	Das Verhalten des Kindes lässt auf ein positives Selbstbild und Vertrauen in die eigenen Fähigkeiten schließen. Beispiele: ist sich seiner Stärken bewusst; weiß, was es kann; übernimmt von sich aus Aufgaben für die Gruppe; ist stolz auf Erreichtes; freut sich, wenn ihm etwas gelingt; spricht positiv über sich selbst; zeigt sich neugierig und offen für Erfahrungen, Wissen und Informationen

	Mathematische Kompetenzen
1	Das Kind erkennt Unterschiede und Übereinstimmungen. Beispiele: in Bildvorlagen, auf Fehlersuchbildern, in Wimmelbilderbüchern, auf Fotos
2	Das Kind kennt geometrische Figuren und ihre Bezeichnungen. Beispiele: auf Straßenschildern, in Spielen, bei Bausteinformen, auf Bildern
3	Das Kind erfasst die Anzahl von bis zu sechs Elementen einer Menge, ohne diese einzeln abzuzählen. Beispiele: Würfelaugen, Gabeln, Bälle, Kindergruppe
4	Das Kind geht flexibel mit Mengen um. Beispiele: Mengen von Spieleteilen für beteiligte Kinder aufteilen, Mengen abziehen, etwas unter mehreren Beteiligten aufteilen oder vervielfachen
5	Das Kind erkennt und schreibt Ziffern. Beispiele: Hausnummern, Autokennzeichen, Mengenangaben, Altersangaben, Geburtstage

	Motorische Kompetenzen
	Grobmotorik
1	Das Kind geht Treppen im Wechselschritt auf- und abwärts. Beispiele: Treppen innerhalb der KiTa, im Außengelände, zum U- oder S-Bahngleis
2	Das Kind balanciert freihändig. Beispiele: auf einer Linie, auf einem Bordstein, auf einem Balken
3	Das Kind springt von einer höheren Ebene und landet sicher auf beiden Beinen. Beispiele: von einer Treppe, von einem Podest, von einem Stuhl
4	Das Kind holt selbstständig Schwung beim Schaukeln Beispiele: im Sitzen, im Stehen, auf dem Schaukelbrett, der Nestschaukel oder einer Doppelschaukel
5	Das Kind ist geübt im Umgang mit Bällen. Beispiele: Fangen und Werfen im Stand/im Laufen; den Ball tippen, prellen, schießen, dribbeln
	Feinmotorik
6	Das Kind zeichnet mit einem Stift. Beispiele: zieht Konturlinien, zeichnet entlang der Kante eines Gegenstandes, paust ab, zeichnet Formen/Buchstaben, zeichnet Gegenstände und Menschen, zeichnet an einem Lineal entlang
7	Das Kind bindet selbstständig einen Doppelknoten oder eine Schleife. Beispiele: am eigenen Schuh, mit Geschenkband, bei Puppenkleidung
8	Das Kind ist geübt im Umgang mit der Schere. Beispiele: schneidet verschiedene Formen aus, schneidet entlang einer Linie, schneidet unterschiedliche Papierarten
9	Das Kind ist geübt im Umgang mit Kleber (Klebestift, Klebeflasche). Beispiele: streicht Flächen mit Kleber ein, klebt gezielt und passend zur Gestaltungsabsicht etwas auf, klebt Dinge aneinander

Ein gelingender Übergang

... aus der Bildungsinstitution KiTa in die Bildungsinstitution Grundschule ist von besonderer Bedeutung für die Bildungsbiografie eines jeden Kindes.

Zentrales Ziel ist dabei die Stärkung der individuellen Persönlichkeit. Dafür wird die Gestaltung und Begleitung des Übergangsprozesses bewusst in den Mittelpunkt gestellt, wobei ein besonderer Fokus auf den bereits erfolgten Aneignungs- und Entwicklungsprozessen eines Kindes liegt. Um Kinder bestmöglich auf den Übergang vorzubereiten, werden die dafür relevanten Kompetenzen geschärft in den Blick genommen und bieten damit eine optimale Orientierung zur gezielten und ressourcenorientierten Begleitung sowie Förderung eines jeden Kindes im letzten KiTa-Jahr.

Die individuell vorhandenen Voraussetzungen erhalten so eine ganzheitliche Berücksichtigung, um jedes Kind bei der weiteren schulischen Entwicklung im Sinne von Kontinuität und Konsistenz im Bildungsverlauf zu fördern.

Die Kompetenzen zum Übergang in die Grundschule

- bündeln die Kompetenzen, die für den Übergang eine bedeutsame Rolle spielen
- bilden die Lerndokumentation (Berliner Übergabedokument) ab
- sind integriert in die BeoKiz-Auswertungshilfen (Heft 2) und entsprechend gekennzeichnet
- berücksichtigen die basalen Kompetenzen
- bilden eine An- und Verknüpfung mit schulischen Beobachtungsverfahren
- ermöglichen, dass Grundschulen an die erworbenen Kompetenzen der Kinder anknüpfen können
- sichern eine Bildungs- und Entwicklungskontinuität und damit Bildungschancen
- sind wissenschaftlich basiert

Pädagogische Fachkräfte nutzen die Kompetenzen zum Übergang in die Grundschule

- für die Auswertung der Beobachtungen im BeoKiz-Verfahren
- um den Blick auf die Kompetenzen zu lenken, die für einen gelingenden Übergang in die Grundschule besonders bedeutsam sind
- um einen Überblick zu den bereits angeeigneten Kompetenzen des Kindes zu erhalten
- zur gezielten, ganzheitlichen und ressourcenorientierten Förderung der Kinder im letzten KiTa-Jahr
- um die Kinder im letzten KiTa-Jahr bestmöglich auf den bevorstehenden Übergang vorzubereiten
- zum Reflektieren ihrer eigenen Arbeit, um zu erkennen, ob zum Übergang in die Grundschule eine Begleitung in allen Kompetenzbereichen auf adäquate Weise erfolgt ist
- als Rahmengerüst zur Anregung von Bildungsprozessen im letzten Jahr vor der Schule
- für die Dokumentation im Portfolio

Senatsverwaltung für Bildung, Jugend und Familie

BeoKiz

Verfahren zur Beobachtung, Dokumentation und Einschätzung im KiTa-Alltag: kindzentriert und ganzheitlich

Begleitmaterialien BeoTool

Heft 2

Auswertungshilfen

Senatsverwaltung für Bildung, Jugend und Familie

BeoKiz

Verfahren zur Beobachtung, Dokumentation und Einschätzung im KiTa-Alltag: kindzentriert und ganzheitlich

Begleitmaterialien BeoTool

Heft 2

Auswertungshilfen

Herausgeber:
Senatsverwaltung für Bildung, Jugend und Familie
Bernhard-Weiß-Str. 6
10178 Berlin

1. Auflage 2024

Autor:innen: Julia Schröder-Moritz, Irene Dittrich, Ruben Maué

Endredaktion: Kerstin Thätner, Fiene Mäske
Lektorat: Infotext GbR, Berlin
Illustrationen: Senatsverwaltung für Bildung, Jugend und Familie
Layout und Gestaltung: Jens Klennert

Inhaltsverzeichnis

In diesen Auswertungshilfen wird der Kompetenzbegriff so verwendet, dass

- Lebenspraktische Kompetenzen und Spielkompetenzen viele Entwicklungsschritte bündeln, die auch in anderen Kompetenzbereichen entstehen und sich zeigen können, jedoch in der Lebensphase der frühen Kindheit eine besondere Bedeutung als Formen der Aneignungsprozesse von Kindern haben,
- die Basiskompetenzen (sprachliche, sozial-emotionale und mathematische Kompetenzen[1]) berücksichtigt sind und sich als Kompetenzbereiche wiederfinden,
- ergänzende Kompetenzen in Bereiche gegliedert sind, die der Struktur der Bildungsprogrammatik entsprechen,
- die wichtigsten Entwicklungsschritte innerhalb der Kompetenzentwicklung eines Kindes beobachtbar und einschätzbar sind.

Diese Auswertungshilfen können Sie dabei unterstützen, sich Entwicklungsschritte in ganzheitlichen Bildungsprozessen bewusst zu machen.

Bei den hier aufgeführten Entwicklungsschritten handelt es sich um eine Auswahl:
- Kinder zeigen nicht jeden aufgeführten Schritt in ihrer Entwicklung.
- Viele Entwicklungsschritte bauen aufeinander auf.
- Es gibt unzählige weitere Entwicklungsschritte von Kindern, die hier nicht aufgeführt sind.
- Entwicklungsschritte sind teilweise mehreren Kompetenzbereichen zuzuordnen und daher mehrfach benannt.
- Die Auswertungshilfen sind keine Checkliste. Die aufgeführten möglichen Schritte sollen nicht in der Gesamtheit erfasst werden.

Die „Berliner Meilensteine“ (BeMs) und die „Kompetenzen zum Übergang in die Grundschule“ (KÜGs) KÜG sind in die jeweiligen Kompetenzbereiche integriert.

Die „Berliner Meilensteine“ sind farblich gekennzeichnet und mit dem Kürzel der entsprechenden Entwicklungsdomäne gekennzeichnet (↗BeoTool Heft 1, Einschätzung der „Berliner Meilensteine“):

- S: Sprache
- SE: soziale Entwicklung
- G: Gefühle
- SR: Selbstregulation
- KF: kognitive Funktionen
- GM: Grobmotorik
- FM: Feinmotorik
- LSR: Vorwissen in den Bereichen Lesen, Schreiben, Rechnen

Auswahl an Impulsfragen, um die Entwicklungsschritte des Kindes zu erkennen

- Gibt es einen fokussierten Kompetenzbereich?
- Welche Kompetenz eignet sich das Kind an?
- Welche Entwicklungsschritte hat ein Kind erreicht?
- Welche „Berliner Meilensteine“ sind in der Beobachtung zu erkennen? (↗Heft 1: Einschätzung der „Berliner Meilensteine“)

1 Kultusministerkonferenz (2024): https://www.kmk.org/fileadmin/Dateien/pdf/KMK/SWK/2022/SWK-2022-Gutachten_Grundschule_Zusammenfassung.pdf

Kompetenzbereiche

Unter Mögliche Entwicklungsschritte des Kindes im Bereich lebenspraktische Kompetenzen erkennen finden Sie Entwicklungsschritte, die sich in den Bildungsprozessen der alltäglichen und wiederkehrenden (Routine-) Situationen abbilden lassen und die das Kind befähigen, das eigene Leben selbstständig und selbstwirksam zu gestalten. Dazu zählen Entwicklungsschritte der selbstbestimmten Fortbewegung, des Kennenlernens des eigenen Körpers und der Sinne sowie des lebenslangen Lernens („lernen zu lernen"). Dazu zählen:

- Sinneswahrnehmung
- Körperwahrnehmung
- Selbstwirksamkeit durch
  - Erste Handbewegungen
  - Fingermotorik
  - Fortbewegung und Navigation
  - An- und Ausziehen
  - Selbstorganisation
  - Selbstbehauptung
  - Selbstfürsorge
  - Handeln und Problemlösung
  - Selbstregulation
  - Selbstreflexion
- Lernen zu lernen
  - Entdecken und Forschen
  - Handeln, Probieren, Forschen und Experimentieren
  - Entdecken und Forschen in der Kindergemeinschaft
- Selbstbild

Unter Mögliche Entwicklungsschritte des Kindes im Bereich Spielkompetenzen erkennen finden Sie Entwicklungsschritte, die sich in den Bildungsprozessen des kindlichen Spiels als Haupttätigkeit des Kindes abbilden lassen. Dazu zählen:

- Entwicklungsthemen im Spiel
- Funktionsspiel
- Symbolspiel
- Rollenspiel
- Konstruktionsspiel
- Spielverhalten in der Gemeinschaft

Unter Mögliche Entwicklungsschritte des Kindes im Bereich sprachliche Kompetenzen erkennen finden Sie Entwicklungsschritte, die sich in den Bildungsprozessen der verbalen und nonverbalen Kommunikation und Ausdrucksweisen des Kindes abbilden lassen. Dazu zählen:

- Anbahnung von Wörtern
- Wörter und erste Sätze
- Besondere Wörter und spezifische Wortwahl
- Aussprache
- Grammatik auf Wort- und Satzebene
- Phonologische Bewusstheit
- Pragmatik im Sprachgebrauch
- Längere sprachliche Äußerungen verstehen und produzieren

- Mehrsprachigkeit
- Weiterführende Sprachentwicklung und Kommunikation
- Literacy und Vorwissen in den Bereichen Lesen, Schreiben und Rechnen
- Sprache im sozialen Austausch – Kommunikation mit Anderen
- Nutzung von Medien zur Kommunikation

Unter Mögliche Entwicklungsschritte des Kindes im Bereich soziale Kompetenzen erkennen finden Sie Entwicklungsschritte, die sich in den Bildungsprozessen des sozialen Miteinanders, in Beziehungen, Freundschaften und Spielverhalten abbilden lassen. Dazu zählen:

- Erste soziale Interaktionen
- Familienkulturelle Zugehörigkeit
- Bindungs- und Trennungsverhalten
- Sprachen im sozialen Austausch
- Soziale Interaktion
- Freundschaften bilden und halten
- Spielverhalten in der Gemeinschaft
- Rollenspiel
- Gefühle im sozialen Kontext
- Umgang mit Gemeinschaftsregeln

Unter Mögliche Entwicklungsschritte des Kindes im Bereich emotionale Kompetenzen erkennen finden Sie Entwicklungsschritte, die sich in den Bildungsprozessen zur psychischen Gesundheit und dem seelischen Wohlergehen abbilden lassen. Dieser Kompetenzbereich bildet die Entwicklungsprozesse zur Erkennung der eigenen Gefühle sowie deren Ausdrucksweise, Reflexion und Kontrolle, Beziehungsaufbau, Zugehörigkeit und Selbstkonzept ab. Dazu zählen:

- Gefühlsentwicklung
- Austausch über Gefühle
- Selbstregulation
- Selbstbehauptung
- Selbstbild
- Gefühle im sozialen Kontext

Unter Mögliche Entwicklungsschritte des Kindes im Bereich mathematische Kompetenzen erkennen finden Sie die Entwicklungsschritte, die sich in den Bildungsprozessen im Erkennen von Ordnungsmerkmalen, Regelmäßigkeiten, Formen, Mengen und Zahlen, der Orientierung in Raum und Zeit sowie im verknüpfenden Denken abbilden lassen. Dazu zählen:

- Sortieren und Klassifizieren
- Muster, Symmetrien und Regelmäßigkeiten
- Zeitliche Perspektiven und Beziehungen einschätzen
- Räumliche Perspektiven und Beziehungen einschätzen
- Geometrische Formen im Alltag
- Bauen und Konstruieren
- Mengen, Zahlen und Zählen
- Anbahnung von Grundrechenarten
- Komplexes Denken
- Grafische Darstellungen, Statistik und Verknüpfungen

Unter Mögliche Entwicklungsschritte des Kindes im Bereich motorische Kompetenzen erkennen finden Sie Entwicklungsschritte, die sich in den Bildungsprozessen zu körperlichen (grobmotorischen) und koordinativen (feinmotorischen) Fähigkeiten abbilden lassen. Dazu zählen:

- Grobmotorik
  - Bewegungen am Boden
  - Stehen und Laufen
  - Bewegungsvarianten
  - Steigen und Klettern
  - Bewegung mit Fahrzeugen und Spielgeräten
  - Umgang mit Bällen
  - Bewegung im sozialen Kontext
  - Herausfordernde körperliche Bewegungen suchen
- Feinmotorik
  - Erste Handbewegungen
  - Fingermotorik
  - Routinesituationen im Alltag
  - Umgang mit Stiften und Materialien

Unter Mögliche Entwicklungsschritte des Kindes im Bereich ästhetische Kompetenzen erkennen finden Sie Entwicklungsschritte, die sich in den Bildungsprozessen des kreativen Ausdrucks mit Stiften, Farben und Materialien sowie von musikalischem, rhythmischem Wahrnehmen und Ausdruck abbilden lassen. Dazu zählen:

- Bildnerisches Gestalten
  - Malen und Zeichnen
  - Kreatives Gestalten
  - Auseinandersetzung mit eigenen Werken
  - Bildnerisches Gestalten im sozialen Kontext
- Musik
  - Erste Erfahrungen mit Musik
  - Musik wahrnehmen
  - Musik erzeugen
  - Musik erleben
- Rollen- und Theaterspiel

Unter Mögliche Entwicklungsschritte des Kindes im Bereich naturwissenschaftliche Kompetenzen erkennen finden Sie Entwicklungsschritte, die sich in den Bildungsprozessen von sinnes- und handlungsbasierten Erfahrungen im Erforschen der Natur sowie deren Kreisläufen, der Umwelt, technischer Geräte sowie der Grundelemente Wasser, Erde, Feuer und Luft abbilden lassen. Dazu zählen:

- Natur und Umwelt
- Handeln, Probieren, Forschen und Experimentieren
- Naturwissenschaften, Umwelt, Technik in der Kindergruppe
- Bildung für nachhaltige Entwicklung

Mögliche Entwicklungsschritte des Kindes im Bereich lebenspraktische Kompetenzen erkennen

Sinneswahrnehmung

- die eigenen Sinne nutzen
- sehen
  - aktiv im Raum umsehen
  - aufmerksam betrachten [KF.09: Das Kind betrachtet konzentriert einen unbewegten Gegenstand (zum Beispiel ein Bild, eine Pflanze).]
  - bewegten Gegenständen mit dem Blick folgen
  - verschwundenen Gegenständen hinterherschauen
  - ein langsam vor den Augen hin und her bewegtes Objekt mit den Augen verfolgen
  - aktiv nach Gegenständen suchen, die zuvor komplett verdeckt wurden
  - gezielte visuelle Suche [KF.10: Das Kind sucht gezielt bestimmte Objekte unter vielen anderen (zum Beispiel auf Wimmelbildern oder in einer Spielkiste).]
  - Memory spielen [KF.11: Das Kind findet bei Memory-Spielen (28 Teile) zielsicher zwei gleiche Teile unter mindestens 10 verbleibenden, wenn diese vorher bereits einmal oder mehrmals aufgedeckt wurden.]
  - die Übereinstimmung von zwei ähnlichen Bildvorlagen überprüfen und dabei Unterschiede finden
- hören
  - gezielt auf Geräusche in der Umwelt hören
  - nach einer Geräuschquelle hinter sich umdrehen
  - Aufmerksamkeitsdauer beim Zuhören [KF.12: Das Kind hört einige Minuten ruhig und aufmerksam einem Musikstück, einer Geschichte oder einem Gespräch (in einer Sprache, die dem Kind vertraut ist) zu.]
  - gezieltes Hören [KF.13: Das Kind hört gezielt aus einem Lied oder aus einem Gespräch ein bestimmtes Wort heraus. Das Wort sollte kein Personenname sein.]
- riechen
  - verschiedene Gerüche wahrnehmen
  - verschiedene Gerüche zuordnen
- schmecken
  - Geschmacksrichtungen (süß, sauer, salzig und andere) unterscheiden
  - verschiedene Nahrungsmittel am Geschmack erkennen
- tasten
  - Gegenstände mit dem Mund erkunden
  - die Oberfläche von Gegenständen erkunden
  - Oberflächen (weich, hart, kalt, warm, glatt, rau) unterscheiden

Körperwahrnehmung

- Körperteile kennen und benennen
- die eigenen Körpermerkmale wahrnehmen (Körpergröße, Statur, Haarfarbe)
- Unterschiede von körperlichen Merkmalen am Gegenüber wahrnehmen
- eigene Körperzustände erkennen [G.03: Das Kind teilt anderen Menschen etwas über seine eigenen Körperzustände mit (zum Beispiel müde sein, Hunger/Schmerzen haben, schwitzen/frieren).]
- Selbstfürsorge [G.06: Das Kind berücksichtigt eigene körperliche Zustände und verhält sich passend (zum Beispiel sucht Ruhe, wenn es müde ist; zieht sich aus, wenn ihm heiß ist; holt sich etwas zu trinken, wenn es durstig ist).]
- eigene (körperliche) Stärken und Schwächen wahrnehmen und mit ihnen auseinandersetzen
- eigene Bewegungen bewusst wahrnehmen beziehungsweise gezielt steuern
- rechts und links unterscheiden

- Gespür dafür entwickeln, was Körper und Geist gut tut
- Grundverständnis über Gesundheit, Wohlbefinden und Krankheit erlangen
- Grundverständnis erlangen, dass die Kinder der Kindergemeinschaft unterschiedliche körperliche Fähigkeiten haben
- Grundwissen über Sexualität erlangen und darüber sprechen
- ein positives Verhältnis zum eigenen Körper und ein Bewusstsein für eine persönliche Intimsphäre entwickeln
- Grundverständnis über Hygiene entwickeln

Selbstwirksamkeit

Erste Handbewegungen

- die Hände vor dem Körper zusammenführen und mit den Fingern spielen
- eine Hand unter Blickkontrolle gezielt zum Mund führen
- beide Hände zum Greifen nutzen
- eine Hand zum Greifen nutzen
- Gegenstände in beiden Händen halten und intensiv durch Tasten untersuchen
- einen Gegenstand von einer Hand in die andere geben
- Gegenstände mit beiden Händen getrennt untersuchen
- bei Bewegungen über die Körpermittellinie hinweg Hände kreuzen
- mit der Hand gehaltene Gegenstände auf Bitte abgeben
- Handinnenflächen gezielt gegeneinanderschlagen
- mit der Hand winken
- zwei Bauklötze aufeinandersetzen

Fingermotorik

- den Zeigefinger bewusst zum Betasten, Zeigen oder Drücken nutzen
- Gegenstände im Scherengriff (Daumen und gestreckter Zeigefinger) greifen
- Gegenstände im Pinzettengriff (Daumen und Zeigefinger angewinkelt) greifen
- Buchseiten umblättern [FM.01: Das Kind blättert (Papier-)Buchseiten einzeln um).]
- Gegenstände stapeln [FM.02: Das Kind legt mindestens drei Bauklötze oder andere Gegenstände gezielt aufeinander, sodass ein Turm entsteht, ohne dass etwas herunterfällt.]
- Blätter lochen und einheften
- mit einem Schlüssel ein Schloss öffnen und schließen
- eine bevorzugte Arbeitshand nutzen

Fortbewegung und Navigation

- erstes Fortbewegen im Raum
- zielsicher im Raum bewegen
- Bewegungsradius erweitern
- Treppensteigen [GM.02: Das Kind geht in aufrechter Position und ohne Hilfe (aber möglicherweise mit Abstützen an der Wand oder am Geländer) mehrere Treppenstufen aufwärts und abwärts.]
- mit einem Fahrzeug (zum Beispiel Dreirad, Fahrrad, Roller) fahren
- Spielgeräte auf dem Spielplatz selbstständig (zum Beispiel Schaukel) benutzen
- vertraute Wege eigenständig gehen
- mit einem Schlüssel ein Schloss öffnen und schließen
- Verkehrsregeln verstehen
- Bedeutung von Ampelsignalen kennen
- Bedeutung von Zebrastreifen beachten

Das Kind orientiert und bewegt sich frei innerhalb der KiTa. KÜG

An- und ausziehen

- Kleidungsstücke ausziehen [FM.11: Das Kind zieht Jacke oder Hose selbstständig aus, wenn dafür keine Verschlüsse geöffnet werden müssen (die Mütze vom Kopf ziehen oder eine Socke oder einen Handschuh ausziehen, genügt nicht).]
- Kleidungsstücke anziehen [FM.12: Das Kind zieht Jacke oder Hose eigenständig an. Seiten dürfen vertauscht sein, aber alle Körperteile müssen in passenden Öffnungen stecken. Knöpfe und Reißverschlüsse müssen nicht zu sein.]
- Reißverschluss der eigenen Jacke auf- und zuziehen [FM.13: Das Kind zieht grobe Reißverschlüsse der eigenen Jacken selbstständig auf und zu. Es nutzt eine Hand zum Ziehen am Zipper und die andere Hand, um den Stoff festzuhalten.]
- langärmeliges Oberteil an- oder ausziehen [FM.14: Das Kind zieht ein langärmeliges Oberteil selbstständig über Kopf an oder aus.]
- kleinere Knöpfe an der eigenen Kleidung ohne Hilfe schließen und öffnen
- Schuhe anziehen und schließen [FM.15: Das Kind zieht ein Paar Schuhe selbstständig an (Zuordnung rechter und linker Fuß stimmt) und macht alle Verschlüsse zu.]
- einfachen Knoten machen [FM.07: Das Kind macht einen einfachen Knoten (zum Beispiel beim Geschenk einpacken, Schuhe binden).]
- selbstständig einen Doppelknoten binden
- selbstständig eine Schleife binden

KÜG **Das Kind bindet selbstständig einen Doppelknoten oder eine Schleife.**

Selbstorganisation

- Abläufe im Alltag kennen (Mahlzeiten, Ruhezeiten)
- sich den Abläufen im Alltag entsprechend verhalten (zum Beispiel Hände waschen vor den Mahlzeiten; sich anziehen, wenn es nach draußen geht)
- sich den Witterungsverhältnissen entsprechend kleiden und sich vor Kälte, Hitze, Nässe usw. schützen
- beim Aufräumen unterstützen (wenn darum gebeten wird)
- Ordnungsstruktur im Gruppenraum kennen
- eigenständig (Spiel-)Materialien aufräumen
- Verantwortung für eigene Materialien übernehmen

KÜG **Das Kind organisiert sich im Alltag.**

Selbstbehauptung

- Gegenstände festhalten, die man behalten möchte
- trotzig sein
- ein „Nein" ausdrücken und sich abgrenzen, wenn zum Beispiel nicht mitgespielt werden möchte
- etwas einfordern, um die eigenen Bedürfnisse zu erreichen (zum Beispiel den Raum zum Ruhen/Schlafen verdunkeln, um besser zu ruhen/einzuschlafen)
- Regeln und Verbote hinterfragen [SE.14: Das Kind hinterfragt den Sinn und Zweck von Verboten und Regeln (zum Beispiel Erwachsenen oder Kindern gegenüber).]
- eine Enttäuschung zum Ausdruck bringen, aber akzeptieren
- eigene Wünsche und Bedürfnisse Erwachsenen gegenüber offen äußern

KÜG **Das Kind tritt für die eigene Meinung, die eigenen Wünsche und Bedürfnisse angemessen ein.**

Selbstfürsorge

- die eigenen Bedürfnisse (er-)kennen
- das Bedürfnis nach etwas zu essen oder trinken äußern
- nach Nahrungsmitteln greifen und sie mit der Hand zum Mund führen
- aus einem offenen Trinkgefäß trinken [FM.03: Das Kind hält ein (mindestens zur Hälfte) gefülltes Trinkgefäß ohne Deckel, führt es eigenständig zum Mund und trinkt daraus, ohne dass etwas danebengeht.]

- mit einem Löffel essen [FM.04: Das Kind führt einen Löffel mit halbfester Nahrung (zum Beispiel Reis, Pudding, Kartoffelbrei) eigenständig zum Mund und nimmt die Nahrung auf, ohne dass etwas herunterfällt.]
- Obst mit den Händen schälen (zum Beispiel Mandarine oder Banane)
- Flüssigkeiten einschenken/umfüllen [FM.05: Das Kind füllt selbstständig Flüssigkeit aus einer (kindgerechten) Flasche oder Kanne in ein Glas, ohne etwas zu verschütten.]
- Schraubverschluss öffnen und schließen [FM.06: Das Kind öffnet und schließt selbstständig ein Gefäß mit schmalem Durchmesser und Schraubdeckel.]
- ein Brot selbst belegen und/oder schmieren
- mit einem Messer schneiden
- gemeinsame Mahlzeiten genießen und zu einer angenehmen Esskultur beitragen
- sich selbst waschen
- auf die Toilette gehen wollen [SR.03: Das Kind macht deutlich, dass es auf die Toilette gehen möchte oder es folgt bereitwillig einem Erwachsenen, der einen Gang zur Toilette anbietet.]
- kontrolliert zur Toilette gehen („trocken sein“)
- eigene Körperzustände erkennen [G.03: Das Kind teilt anderen Menschen etwas über seine eigenen Körperzustände mit (zum Beispiel müde sein, Hunger/Schmerzen haben, schwitzen/frieren).]
- Selbstfürsorge [G.06: Das Kind berücksichtigt eigene körperliche Zustände und verhält sich passend (zum Beispiel sucht Ruhe, wenn es müde ist; zieht sich aus, wenn ihm heiß ist; holt sich etwas zu trinken, wenn es durstig ist).]
- auf die eigenen Körperzustände angemessen reagieren

Das Kind kann sich bei Mahlzeiten selbst versorgen.
Das Kind zeigt durch sein Verhalten, dass es seine eigenen körperlichen Zustände berücksichtigt. KÜG

Handeln und Problemlösung

- sich Herausforderungen und schwierigen Aufgaben oder Situationen stellen
- gezielte Verkettung von Teilhandlungen [KF.06: Das Kind führt geplant zwei unabhängige Teilhandlungen nacheinander aus, um ein Ziel zu erreichen (zum Beispiel Becher holen und Getränk einschenken, um zu trinken). Wichtig ist das Erkennen eines Handlungsplans aus mindestens zwei abgrenzbaren Teilschritten.]
- verschiedene Lösungswege ausprobieren [KF.07: Das Kind steht vor einer Herausforderung, für die es die Lösung nicht gleich findet. Es probiert von sich aus verschiedene Möglichkeiten, um sein Ziel doch noch zu erreichen (ohne nach dem Lösungsweg zu fragen).]
- planvoll und strukturiert handeln [KF.08: Das Kind führt spontan mehrere Handlungsschritte durch, die alle zusammenhängen und auf ein übergeordnetes Ziel hinführen (zum Beispiel erst Einzelteile bauen/basteln, dann alles zusammenfügen).]
- überlegen, wie etwas klappen könnte
- Zielorientierung halten [SR.04: Das Kind zeigt Vertrauen in seine eigenen Fähigkeiten, wenn es etwas schaffen möchte. Zum Beispiel, indem es trotz mehrerer Versuche probiert, das Ziel zu erreichen.]
- erforschen und experimentieren [KF.18: Das Kind verändert beim Experimentieren von sich aus einzelne Aspekte einer Situation, um herauszufinden, welche Auswirkungen das hat (zum Beispiel, was passiert, wenn man etwas dazulegt, wegnimmt, verschiebt, erwärmt).]
- nachdenken und Alternativen suchen, wenn ein Problem auftritt
- Gegenstände als Hilfsmittel verwenden, die sonst nicht in dieser Funktion verwendet werden (zum Beispiel Löffel als Schaufel)
- sich nicht entmutigen lassen, wenn etwas nicht sofort funktioniert
- um eine erneute Erklärung bitten, wenn etwas nicht verstanden wurde

Das Kind ist über einen längeren Zeitraum konzentriert in einer Handlung.
Das Kind handelt bei Herausforderungen zielorientiert
Das Kind sucht aktiv Unterstützung, wenn es etwas nicht verstanden hat oder nicht weiterkommt. KÜG

Selbstregulation

- Gefühle kontrollieren (Selbstkontrolle)
- eigene Gefühle mithilfe eines vertrauten Kindes regulieren
- Selbstregulation bei Emotionen [SR.01: Dem Kind gelingt es, wenn es emotional aufgebracht ist (Freude, Ärger, Wut, Enttäuschung, Aufregung), sich selbst zu beruhigen oder es drückt seine Gefühle aus, ohne Andere körperlich oder verbal anzugehen.]
- Gefühle und Impulse nach Aufforderung regulieren
- Impulse eigenständig kontrollieren [SR.02: Das Kind kann sein eigenes Bedürfnis oder Gefühl zurückhalten, um die Gemeinschaftsregeln zu achten (zum Beispiel nicht drängeln beim Rausgehen).]
- gezielt bestimmte Strategien verwenden, um mit negativen Gefühlen gut umzugehen
- die eigenen Bedürfnisse (er-)kennen
- abwarten können, etwas zu essen oder zu trinken, wenn die Umstände dies erfordern
- abwarten können, auf die Toilette zu gehen, wenn die Umstände dies erfordern

Selbstreflexion

- Bewusstsein der eigenen Fähigkeiten und Entwicklungsmöglichkeiten zeigen
- Stolz [G.01: Das Kind zeigt deutlich Freude, Bewusstheit und Selbstbewusstsein über eigene Leistungen (zum Beispiel über etwas, das es gemacht hat). Andere sollen sehen/hören, was das Kind kann/produziert hat.]
- das eigene Verhalten auf Grundlage der eigenen Gefühle reflektieren
- damit auseinandersetzen, welche Ursachen die eigenen Gefühlszustände haben
- eigene Körperzustände erkennen [G.03: Das Kind teilt anderen Menschen etwas über seine eigenen Körperzustände mit (zum Beispiel müde sein, Hunger/Schmerzen haben, schwitzen/frieren).]
- auf die eigenen Körperzustände angemessen reagieren
- eigene Gefühle erkennen [G.04: Das Kind teilt anderen Menschen etwas über seine eigenen Gefühle mit (zum Beispiel glücklich, traurig, ängstlich, wütend sein).]
- Gefühle erklären [G.07: Das Kind benennt den Grund für seine Gefühle (zum Beispiel: „Ich bin stolz, weil ich das allein geschafft habe!").]
- Strategien und Techniken für Ruhe und Entspannung kennen und anwenden
- Zielorientierung halten [SR.04: Das Kind zeigt Vertrauen in seine eigenen Fähigkeiten, wenn es etwas schaffen möchte. Zum Beispiel, indem es trotz mehrerer Versuche probiert, das Ziel zu erreichen.]
- die eigenen Gefühle mitteilen
- eigene Wünsche und Bedürfnisse Erwachsenen gegenüber offen äußern
- sich der eigenen Stärken und Entwicklungsprozesse bewusst sein
- nachfragen oder um Unterstützung bitten, wenn es etwas noch nicht verstanden hat
- ein positives Selbstbild haben

Lernen zu lernen

Entdecken und Forschen

- neugierig und offen sein für Erfahrungen
- nachforschende Fragen stellen
- Interesse an Rätseln, Denkspielen, Knobeleien
- erkennen, dass Fragen, Forschen und Nachdenken beim Lernen helfen
- Interesse an Natur und Umwelt zeigen (zum Beispiel durch Beobachten von Tieren, Wetter)
- Dinge und Erscheinungen mithilfe aller Sinne (Hören, Sehen, Riechen, Schmecken, Tasten) wahrnehmen
- W-Fragen stellen [S.19: Das Kind nutzt unterschiedliche W-Wörter (zum Beispiel wer, wie, was, wo, wieso, weshalb, warum, wohin, wozu).]
- Freude am Bearbeiten von kniffligen Situationen
- eigene Vorlieben, Interessen und Stärken in unterschiedlichen Bereichen erkennen und/oder beschreiben
- Ideen entwickeln; Initiative ergreifen; andere begeistern, sich durchsetzen
- mit den Elementen Feuer, Erde, Wasser und Luft auseinandersetzen

- den Tageskreislauf (Tag, Nacht) (er-)kennen
- den Jahreskreislauf (Jahreszeiten, Wetter) (er-)kennen
- Lebenszyklen (zum Beispiel von Pflanzen, Tieren, Menschen) (er-)kennen
- Kreisläufe (zum Beispiel Wasser, Energie, Recycling) (er-)kennen
- physikalische Phänomene (zum Beispiel Optik, Akustik, Magnetismus, Schwerkraft, Elektrizität) erkunden und erfahren
- Aggregatzustände (fest, flüssig, gasförmig) kennen
- unterschiedliche Beschaffenheit und Konsistenz von (Natur-)Materialien erkennen
- Konzentration bei selbstständiger Aktivität [KF.17: Das Kind beschäftigt sich selbstständig und ohne sich ablenken zu lassen mit dem gleichen Material und verfolgt dabei ein Ziel.]

Handeln, Probieren, Forschen und Experimentieren

- verschiedene Lösungswege ausprobieren [KF.07: Das Kind steht vor einer Herausforderung, für die es die Lösung nicht gleich findet. Es probiert von sich aus verschiedene Möglichkeiten, um sein Ziel doch noch zu erreichen (ohne nach dem Lösungsweg zu fragen).]
- Handlungen beobachten, erkennen, vergleichen und/oder auswerten
- planvoll und strukturiert handeln [KF.08: Das Kind führt spontan mehrere Handlungsschritte durch, die alle zusammenhängen und auf ein übergeordnetes Ziel hinführen (zum Beispiel erst Einzelteile bauen/basteln, dann alles zusammenfügen).]
- erforschen und experimentieren [KF.18: Das Kind verändert beim Experimentieren von sich aus einzelne Aspekte einer Situation, um herauszufinden, welche Auswirkungen das hat (zum Beispiel, was passiert, wenn man etwas dazulegt, wegnimmt, verschiebt, erwärmt).]
- sinnvolle, in sich plausible Begründungen geben
- die Funktionsweise und den Nutzen von technischen Geräten (er-)kennen
- unterschiedliche Werkzeuge und Materialien erkunden und nutzen
- Gegenstände als Hilfsmittel verwenden, die sonst nicht in dieser Funktion verwendet werden (zum Beispiel Löffel als Schaufel)
- hartnäckig an einer Sache dranbleiben und mit Erfolgen und Misserfolgen umgehen
- erworbenes Wissen anwenden und übertragen

Entdecken und Forschen in der Kindergemeinschaft

- in der Gruppe forschen und experimentieren
- kooperieren und arbeitsteilig an einer gemeinsamen Sache arbeiten
- Dinge aus verschiedenen Perspektiven betrachten und erkennen, dass es nicht immer nur eine Erklärung gibt
- bereit sein, von Anderen zu lernen
- im Austausch unterschiedlicher Erfahrungen und Meinungen zu verschiedenen Lösungswegen kommen
- das Bewusstsein entwickeln, selbst etwas bewirken zu können
- sich selbst als aktives Mitglied einer Gemeinschaft begreifen
- Vorschläge und Lösungen gemeinsam mit Anderen entwickeln
- mit Anderen kooperieren und arbeitsteilig an einer gemeinsamen Sache arbeiten
- Anderen einen Zusammenhang und eigene Ideen zu Naturwissenschaften, Umwelt, Technik erklären
- die eigenen Fertigkeiten in der Handhabung von Arbeitstechniken, Werkzeugen, Materialien und technischen Geräten in der Gemeinschaft zur Verfügung stellen

Selbstbild

- bei Herausforderungen, die verängstigen oder verunsichern, Mut zeigen und sich der Herausforderung stellen
- sich nicht entmutigen lassen, wenn etwas nicht sofort klappt
- sich nicht durch Misserfolge von einem Vorhaben abbringen lassen
- das eigene Verhalten reflektieren, wenn dies jemand anspricht

Spielverhalten in der Gemeinschaft

- Kontaktaufnahme zu anderen Kindern [SE.07: Das Kind nimmt von sich aus Kontakt zu anderen Kindern auf (zum Beispiel am Spiel teilnehmen, nebeneinandersitzen, gemeinsames Betrachten eines Buches).]
- auf Kontaktangebot anderer Kinder reagieren [SE.08: Das Kind geht auf Konaktangebote anderer Kinder ein (beispielsweise zum gemeinsamen Spiel) oder lehnt diese ab.]
- in einer Gruppe (freies Spiel jeglicher Art) ohne einen Erwachsenen spielen
- im Spiel mit Anderen abwechseln (Materialien, Zeiten, Rollen und anderes)
- assoziatives Spiel [SE.01: Das Kind spielt und beobachtet dabei ein anderes Kind (zum Beispiel im Sandkasten). Es nimmt Anteil, indem es das andere Kind nachahmt oder dessen Aktivitäten kommentiert.]
- Bewegungsspiel [SE.02: Das Kind spielt ein Spiel, für das es andere Kinder braucht und sich bewegen muss (zum Beispiel Fangen, Ballspiele, Verstecken).]
- an kompetitiven Spielen beteiligen, für die es spezielles Spielmaterial und festgelegte Regeln gibt und bei denen das Ziel darin besteht, zu gewinnen
- Verständnis für Spielregeln zeigen und diese achten
- eigene Spielregeln erfinden und Spielregeln Anderer anerkennen
- im Austausch unterschiedlicher Erfahrungen und Meinungen zu verschiedenen Lösungswegen kommen
- kooperieren und arbeitsteilig an einer gemeinsamen Sache arbeiten
- bereit sein, von Anderen zu lernen

Mögliche Entwicklungsschritte des Kindes im Bereich sprachliche Kompetenzen erkennen

Anbahnung von Wörtern

- lautieren und brabbeln
- verschiedene Silben (ba, ta...) bilden
- einfache Silben (ba-ba, ma-ma...) verdoppeln
- verschiedene Silben (ma-mi, wa-da...) kombinieren
- erste Wörter verstehen
- Symbolsprache benutzen, um etwas zu benennen (zum Beispiel für Hund: wau-wau, hav-hav, ou-ou)
- unterschiedliche Tierstimmen erzeugen (zum Beispiel bei Betrachtung eines Buches, im Rollenspiel)

Wörter und erste Sätze

- einfache Sätze verstehen [S.05: Das Kind zeigt durch sein Verhalten, dass es einen Satz versteht, obwohl sich die Bedeutung nicht aus der Situation erschließen lässt und keine Gesten zur Verständigung eingesetzt werden.]
- „Mama", „Papa" in sinngemäßer Bedeutung sagen
- einen aktiven Wortschatz von 10 verschiedenen Wörtern haben
- eigenen Vor- oder Rufnamen nennen
- mindestens 50 unterschiedliche Wörter aktiv verwenden [S.01: Das Kind hat einen aktiven Wortschatz von mindestens 50 verschiedenen Wörtern (dazu zählen auch Wörter aus anderen Sprachen oder Fantasiewörter).]
- Worte/Einwortsätze wie „auf", „zu", „ab" oder „weg" verwenden, um das Ende eines Vorgangs zu beschreiben (zum Beispiel nach dem Drücken des Lichtschalters: „Aus!")
- Verwendung von Mehrzahlwörtern [S.02: Das Kind benennt Objekte in Mehrzahl und verändert dafür das Wortende (zum Beispiel „Autos" statt „Auto"). Wortformbildungen wie „Mädchens" gelten auch.]
- Verwendung von Farbwörtern [S.03: Das Kind benennt die Farbe eines Gegenstandes in verschiedenen Situationen zutreffend.]
- Verwendung der Wörter „ich" und „du" [S.04: Das Kind spricht von sich selbst als „ich" und benennt sein Gegenüber als „du".]
- Zweiwortsätze bilden [S.06: Das Kind bezieht zwei verschiedene Wörter sinnvoll aufeinander (zum Beispiel: „Puppe weg", „Mama laufen", „Lilo groß", „Papa Auto"), sodass sie eine Bedeutungseinheit bilden.]
- Drei- und Mehrwortsätze bilden [S.07: Das Kind bildet einfache Sätze, die aus drei oder mehr Wörtern bestehen (zum Beispiel: „Mama, Auto fahren", „Papa, Spielplatz gehen").]

Besondere Wörter und spezifische Wortwahl

- konkrete Bezeichnungen für Objekte verwenden [S.09: Das Kind benennt Personen, Tiere, Gegenstände etc.]
- Oberbegriffe für Dinge, die sehr verschieden aussehen (zum Beispiel Geschirr, Tiere) verwenden
- Bezeichnungen für abstrakte Dinge verwenden [S.10: Das Kind benennt Dinge, die man nicht anfassen kann (zum Beispiel Woche, Lied, Gefühl).]
- konkrete Tätigkeitsbeschreibungen verwenden [S.11: Das Kind nutzt Wörter, die konkrete und direkt beobachtbare Handlungen beschreiben (zum Beispiel malen, laufen, essen).]
- Adjektive verwenden
- Tätigkeiten genauer beschreiben („schnell gehen", „laut schreien")
- Zeitbegriffe benennen und unterscheiden [S.12: Das Kind zeigt Verständnis für Zeitbegriffe (gestern, heute, morgen oder morgens, mittags, abends).]
- Raumbeziehungen benennen und unterscheiden [S.13: Das Kind zeigt Verständnis für Lagebezeichnungen (vor, hinter, unter, über, zwischen, neben). Es verwendet mehrere dieser Wörter in passenden Zusammenhängen.]

Aussprache

- Wörter mit den Lauten „b", „t", „d", „m", „n" zutreffend aussprechen
- Worte mit den Lauten „k" und „g" zutreffend aussprechen (zum Beispiel Kartoffel, einkaufen, Gabel, Anfang, Lüge)
- die Laute „s", „f" und „w" am Anfang des Wortes zutreffend benutzen (zum Beispiel Sand, Fisch, Weg)
- Wörter mit zusammengesetzten Konsonanten zutreffend aussprechen (zum Beispiel klein, Dreirad, basteln, Knospe, Frosch)
- die Laute „s", „sch" und „ch" zutreffend aussprechen (zum Beispiel Kirsche, Milch, Pinsel, Rutsche)

Grammatik auf Wort- und Satzebene

- passende Artikel zu Objektworten verwenden (der, die, das)
- Pronomen/Fürworte verwenden (zum Beispiel „er isst eine Banane", „mein Kuscheltier", „dein Roller)
- Superlative nutzen (zum Beispiel: „Die Blume ist die Schönste!"/„Der Bagger ist der Größte!")
- auf „Wen?"- oder „Was?"-Fragen mit dekliniertem Artikel im Akkusativ antworten (z.B. den Löffel, die Gabel, das Messer)
- auf „Wem?"- oder „Was?"-Fragen mit dekliniertem Artikel im Dativ antworten (zum Beispiel: „Wem bringst Du die Karotte? Dem Pferd.")
- sprechen in anderen Zeiten [S.08: Das Kind bildet Sätze, in denen es Aussagen über die Zukunft oder Vergangenheit trifft, indem es das Verb verändert.]
- Konjunktiv nutzen (zum Beispiel hätte, wäre, könnte, würde)
- Passivsätze bilden (zum Beispiel: „Der Teddy wurde weggenommen."/„Der Turm wurde gebaut.")
- Steigerungsform von Adjektiven [S.14: Das Kind steigert Adjektive korrekt (zum Beispiel hoch, höher, am höchsten; gut, besser, am besten).]
- Beugung von Verben [S.15: Das Kind beugt Verben in der Regel korrekt (zum Beispiel: „Ich gehe, du gehst, er/sie/es geht").]
- Nebensätze bilden [S.16: Das Kind bildet Sätze, die aus mindestens zwei Satzteilen bestehen (zum Beispiel: „Ich frage mich, was du in der Tasche hast?"/„Gib mir den Teddy, den ich so mag!".]
- verschiedene Satzanfänge verwenden
- Verständnis für Verneinungen in einem Satz zeigen
- in Sätzen sprechen, die aus den Satzgliedern Subjekt, Prädikat und Objekt in der richtigen Reihenfolge bestehen (zum Beispiel: „Oma backt Kuchen."/„Meine Oma backt heute Kuchen.")

KÜG **Das Kind spricht Hauptsätze mit korrekter Wortstellung auch in flexiblen Satzstrukturen. Das Kind verbindet Hauptsätze mit Nebensätzen sinnvoll.**

Phonologische Bewusstheit

- sich beim ersten Hören merken, wie eine Person, ein Objekt oder ein Ort heißt
- mehrsilbige Wörter oder Zahlenreihen nachsprechen [KF.14: Das Kind kann ein mehrsilbiges Fantasiewort (zum Beispiel ri-so-la-mi) oder eine zufällige Zahlenreihe (wie 9-3-7-1) nach einmaligem Hören richtig nachsprechen.]
- sich eine neue Anweisung merken, auch wenn die Ausführung erst später sein soll (zum Beispiel: „Bring mir nach dem Essen bitte deine Tasche!")
- Lieder, Reime oder Sprüche spontan erinnern [KF.15: Das Kind gibt von sich aus Teile von bekannten Liedern, Reimen oder Sprüchen wieder.]
- Silben erkennen [KF.16: Das Kind unterteilt längere Wörter in Silben (zum Beispiel durch Klatschen der Silben).]
- ähnlich klingende Wörter (zum Beispiel gut/Hut, wann/dann) unterscheiden
- erkennen, ob sich zwei Wörter reimen oder nicht
- erkennen, wenn Wörter mit dem gleichen Buchstaben beginnen
- bemerken, wenn ein bekannter Text beim Vorlesen oder Aufsagen verändert wird
- kurze Reime erfinden

KÜG **Das Kind spricht Silben und Anlaute deutlich aus.**

Pragmatik im Sprachgebrauch

- in der Kommunikation auf sein Gegenüber einstellen (zum Beispiel aufgrund des Alters, des Sprachhintergrunds); langsamer, einfacher oder/und melodischer als sonst sprechen
- Äußerungen Anderer aufgreifen und darauf eingehen
- genau erklären, wo sich ein Gegenstand befindet (zum Beispiel: „in der Schublade von der Kommode", „unter dem Stuhl in der Küche", „draußen am Tor")
- ein Wort in verständlicher Weise umschreiben, ohne das Zielwort zu nennen (vgl. Tabu-Spiel)
- Entscheidungsfragen stellen [S.17: Das Kind stellt ein Verb an den Anfang seiner Frage (zum Beispiel: „Magst du das auch?" oder „Spielen wir zusammen?").]
- W-Fragen verstehen [S.18: Das Kind versteht die Bedeutung unterschiedlicher W-Worte (zum Beispiel wer, warum, wie, wann, wo).]
- W-Fragen stellen [S.19: Das Kind nutzt unterschiedliche W-Wörter (zum Beispiel wer, wie, was, wo, wieso, weshalb, warum, wohin, wozu).]
- auf Fragen ausführlich antworten
- eigene Körperzustände erkennen [G.03: Das Kind teilt anderen Menschen etwas über seine eigenen Körperzustände mit (zum Beispiel müde sein, Hunger/Schmerzen haben, schwitzen/frieren).]
- eigene Gefühle erkennen [G.04: Das Kind teilt anderen Menschen etwas über seine eigenen Gefühle mit (zum Beispiel glücklich, traurig, ängstlich, wütend sein).]
- sich in Rollenspielen sprachlich ausdrücken
- Körperzustände und Gefühle Anderer erkennen [G.05: Das Kind spricht über die Körperzustände oder Gefühle eines anderen Menschen (zum Beispiel: „Kind hat Aua." /„Frau ist traurig.").]
- sich selbst während des Sprechens korrigieren
- versuchen, einen anderen Menschen von etwas zu überzeugen, das nicht der Wahrheit entspricht
- in Fragesätzen das Verb an die richtige Stelle im Satz setzen

Das Kind beantwortet Fragen (W-Wörter) sinnhaft.
Das Kind verwendet verschiedene abstrakte Verben (zum Beispiel mentale, zeitliche oder personengebundene Verben). KÜG
Das Kind verwendet verschiedene abstrakte Nomen (zum Beispiel mentale, zeitliche oder personengebundene Nomen).

Längere sprachliche Äußerungen verstehen und produzieren

- Geschichten nacherzählen oder selbst erfinden.
- in verständlicher Weise über Erfahrungen berichten [S.20: Das Kind berichtet von einer Erfahrung oder einem Erlebnis so, dass man es nachvollziehen kann (zum Beispiel von einem Ausflug, einem Fest, vom Alltag).]
- Geschichten sprachlich komplex wiedergeben [S.21: Das Kind nutzt beim Nacherzählen von Geschichten Fürwörter (er, sie, es) und Bindeworte (zum Beispiel und, weil, aber). Außerdem macht es konkrete Zeitangaben (zum Beispiel danach, jetzt, plötzlich).]
- kurze Aufträge verstehen [S.22: Das Kind versteht Aufträge, die aus zwei oder mehr verschiedenen Tätigkeiten bestehen (zum Beispiel: „Zieh dir bitte die Jacke aus und komm dann zu mir.").]
- sinnvolle, in sich plausible Begründungen geben
- Regeln im Spiel korrekt umsetzen (zum Beispiel: „Wer gefangen wurde, geht vom Spielfeld.")
- eine vertraute Geschichte in allen zentralen Aspekten und in richtiger Handlungsabfolge nacherzählen
- einer anderen Person die Regeln eines Spiels so erklären, dass die andere Person weiß, was zu tun ist
- Bescheid sagen oder um erneute Erklärung bitten, wenn etwas nicht verstanden wurde
- Übertreibungen oder Schwindeleien spielerisch einsetzen
- Widersprüche in sprachlichen Äußerungen erkennen
- vor der Gruppe etwas vortragen

Das Kind gibt Geschichten und Handlungsabläufe in sinnhafter Weise wieder. KÜG

Mehrsprachigkeit

- sich für andere Sprachen interessieren
- einzelne Wörter aus einer anderen Sprache verwenden
- mehrsprachig sprechen
- zwischen verschiedenen Sprachen wechseln

Weiterführende Sprachentwicklung und Kommunikation

- sich in ungewohnten Situationen sprachlich zurechtfinden
- Vertrauen in die eigenen sprachlichen Fähigkeiten haben
- singen
- Betonung, Stimmmelodie, Lautstärke, Gestik und Mimik bewusst einsetzen (zum Beispiel im Theater- oder Rollenspiel)
- eigene Geschichten erfinden
- (abstrakte) Fantasiefiguren und -handlungen beschreiben
- Witze wiedergeben
- Reime in Sätzen erfinden
- verschiedene Möglichkeiten kennen und nutzen, um Botschaften zu übermitteln (zum Beispiel Sprache, Telefon, Schrift, Post, Computer, Gebärden, Pantomimen)
- über Grundkenntnisse im Umgang mit Schreibgeräten, Computern, Tablets, Smartphones verfügen
- argumentieren [S.23: Das Kind verwendet Argumente, um eine andere Person von seiner Position zu überzeugen. Es begründet seine Position mit unterschiedlichen Argumenten.]

Literacy und Vorwissen in den Bereichen Lesen, Schreiben und Rechnen

- so tun, als würde man schreiben
- die Prinzipien von Zeichen- und Symbolsystemen verstehen
- Zeichen, Symbole und Piktogramme unterschiedlicher Art erkennen, benennen und verwenden
- Interesse an Büchern zeigen
- Bilderbücher als Erzählanlass nutzen
- einer Geschichte aufmerksam zuhören und dem Inhalt folgen
- den Inhalt eines Buches/einer Geschichte nacherzählen
- selbst erfundene Geschichte erzählen
- Interesse an Buchstaben und Wörtern zeigen
- Lesen und Schreiben als Tätigkeit identifizieren und benennen
- Zeichen- und Schreibutensilien nutzen
- Buchstaben, Namen und/oder Wörter aufschreiben
- ein geschriebenes Wort erkennen [LSR.01: Das Kind erkennt seinen eigenen Namen oder ein anderes Wort am Schriftbild wieder.]
- einstellige Zahlen erkennen und benennen [LSR.02: Das Kind erkennt und benennt mindestens fünf verschiedene, einstellige Zahlen in seiner Umgebung.]
- einzelne Wörter (außer dem eigenen Namen) am Schriftbild erkennen
- einstellige Zahlen schreiben
- den eigenen Namen lesbar schreiben (auch Spitznamen)
- weitere Wörter und/oder Zahlen (ab-)schreiben

KÜG **Das Kind erkennt Buchstaben aus seinem Namen in einem Schriftbild wieder.**

Sprache im sozialen Austausch – Kommunikation mit Anderen

- Geräuschen mit einem Hinwenden des Körpers oder des Kopfes folgen
- Zeigegesten Anderer aufmerksam folgen
- Zeigegesten nutzen, um die Aufmerksamkeit Anderer zu lenken
- unterschiedliche Kommunikationsformen nutzen
- verschiedene Ausdrucksformen nutzen
- vertrauten Bezugspersonen etwas aus der KiTa erzählen
- Verwendung der Wörter „ich" und „du" [S.04: Das Kind spricht von sich selbst als „ich" und benennt sein Gegenüber als „du".]
- Hilfsmittel zur Kommunikation verwenden
- verschiedene Medien zur Kommunikation verwenden (zum Beispiel Piktogramme, PECS, Talker, METACOM-Symbole)
- Handlungsweisen von Menschen auf Absichten und Gründe hinterfragen
- Kontaktaufnahme zu anderen Kindern [SE.07: Das Kind nimmt von sich aus Kontakt zu anderen Kindern auf (zum Beispiel am Spiel teilnehmen, nebeneinandersitzen, gemeinsames Betrachten eines Buches).]
- auf Kontaktangebot anderer Kinder reagieren [SE.08: Das Kind geht auf Kontaktangebote anderer Kinder ein (beispielsweise zum gemeinsamen Spiel) oder lehnt diese ab.]
- aktiv an Gesprächen teilnehmen und diesen folgen
- die eigene Meinung mitteilen
- zuhören und sich in die Perspektive einer anderen Person versetzen
- die Kommunikation Anderer aufmerksam beobachten, auch wenn man selbst nicht angesprochen ist
- eigene Beiträge am Thema der Gruppe orientieren
- Sprache einsetzen, um mit Anderen Unternehmungen zu planen und durchzuführen
- Gesprächsstrategien für den Kontakt mit „Fremden" entwickeln
- mit Anderen zusammenarbeiten und das eigene Wissen weitergeben
- ein „Nein" ausdrücken und sich abgrenzen (zum Beispiel, wenn nicht mitgespielt werden möchte)
- zu einer gelingenden Verständigung beitragen (zum Beispiel in Konflikten vermitteln, andere unterstützen)
- nicht dulden, dass jemand aufgrund von Sprache gehänselt, ausgeschlossen oder diskriminiert wird

Nutzung von Medien zur Kommunikation

- grundlegende Kenntnisse über Gebrauch und Benutzung von Computer/Laptop/Tablet/technischen Geräten
- Medien als Kommunikationsmittel über Regionen und Grenzen hinweg begreifen
- mit Medienangeboten kritisch umgehen
- elektronische Medien gezielt für den Erwerb von Wissen und Informationen nutzen und bei Bedarf Hilfe holen
- erkennen, welche Möglichkeiten verschiedene Medien bieten und wie diese verwendet werden können
- über Medienerlebnisse mit anderen Kindern sprechen, sie nachspielen
- visuelle oder schriftliche Darstellungsformen kennen (zum Beispiel Tabellen, Grafiken, Schemata, Pläne, Karten, Hinweisschilder, Aufschriften auf Produkten, Autokennzeichen)
- Grundverständnis, dass Kommunikation über verschiedene Medien und Formen der Wahrnehmung möglich ist (zum Beispiel Sprache, Telefon, Schrift, Post, Computer, Gebärden, Pantomimen)
- Zusammenhänge und Abgrenzungen von der eigenen Lebenswirklichkeit zu virtuellen Welten (zum Beispiel im Fernsehen, in Computerspielen) herstellen

Mögliche Entwicklungsschritte des Kindes im Bereich soziale Kompetenzen erkennen

Erste soziale Interaktionen

- einfache Gesichtsausdrücke nachahmen
- Körpergesten oder Laute nachahmen
- auf bekannte Personen reagieren (lautieren, Blickkontakt, Bewegungen)
- auf Ansprache bewusst seinem Gegenüber zuwenden
- dem Geschehen aufmerksam folgen
- mit seinem Gegenüber interagieren (zum Beispiel, das Kind wird selbst aktiv, wenn sein Gegenüber eine Pause macht) und eine Reaktion abwarten
- der Zeigegeste einer anderen Person folgen
- die Zeigegeste nutzen, um jemanden auf etwas aufmerksam zu machen
- bewusst Kontakte zu Anderen herstellen
- seinem Gegenüber ein Spielzeug reichen
- um ein Spielzeug seines Gegenübers bitten
- zusammen mit einer anderen Person auf denselben Gegenstand beziehen
- bewusst von einer Person abwenden, wenn man keinen Kontakt mehr möchte

Familienkulturelle Zugehörigkeit

- sich zur Familie zugehörig fühlen
- eigene Familientraditionen, Rituale, Religion kennen
- wissen, in welcher Reihe das Kind in der Geschwisterfolge steht
- die eigene Biografie, Familiengeschichte und -tradition wahrnehmen und erkennen, dass die eigene Identität soziokulturell geprägt ist

Bindungs- und Trennungsverhalten

- bekannte und fremde Personen unterscheiden
- Bindungsverhalten zu vertrauten Personen aufbauen
- auf unbekannte Personen oder Umgebungen reagieren (zum Beispiel mit Zurückhaltung, Scheu, Angst)
- signalisieren, dass man in einer neuen Umgebung nicht von der Bezugsperson getrennt sein möchte (zum Beispiel durch Klammern, Weinen oder Protest)
- Bestätigung durch eine Bezugsperson in unbekannten Situationen suchen (zum Beispiel durch Blickkontakt)
- sich eigenständig beschäftigen, wenn eine Bezugsperson in Sichtweite ist
- sich eigenständig beschäftigen, wenn die Bezugsperson in der Nähe, jedoch nicht sichtbar ist (zum Beispiel im Nebenraum, auf der Toilette)
- sich von der Bezugsperson für ein bis zwei Stunden trennen, wenn eine bekannte Person anwesend ist (zum Beispiel Eingewöhnung)
- für einige Stunden ohne Bezugsperson bei bekannten Personen bleiben (zum Beispiel in der KiTa)
- Übergänge erfolgreich bewältigen

Sprachen im sozialen Austausch

- Verwendung der Wörter „ich" und „du" [S.04: Das Kind spricht von sich selbst als „ich" und benennt sein Gegenüber als „du".]
- aktiv Bezug auf die Aussagen des Gegenübers nehmen
- das eigene Interaktionsniveau (Sprachausdruck, Körpergesten, Bewegungen) an andere anpassen
- die eigene Meinung vertreten
- argumentieren [S.23: Das Kind verwendet Argumente, um eine andere Person von seiner Position zu überzeugen. Es begründet seine Position mit unterschiedlichen Argumenten.]
- respektvolle Bezeichnungen für körperliche, geistige oder kulturelle Unterschiede kennen und verwenden
- Verständnis für Verneinungen in einem Satz zeigen

- Kritik in sachlicher Weise äußern und die Bewertung auf ein konkretes Verhalten beziehen (zum Beispiel: „Ich finde es doof, wenn du mich ärgerst." anstatt „Du bist doof.")
- sich differenziert mit Kritik von Anderen auseinandersetzen (zum Beispiel Punkte benennen, die zutreffen und die nicht zutreffen)

Soziale Interaktion

- teilen [SE.10: Das Kind teilt Nahrung, Getränke oder Spielmaterial freiwillig und von sich aus mit einem anderen Kind.]
- spontanes Helfen [SE.11: Das Kind zeigt spontan Bemühungen, Andere bei der Erreichung ihrer Ziele zu unterstützen.]
- eine Tätigkeit auf Bitten einer anderen Person unterbrechen
- andere Perspektiven einnehmen [SE.16: Das Kind zeigt Verständnis dafür, dass jeder Mensch anders über die gleiche Sache denken kann. Auch wenn die Perspektive eines Anderen von seiner eigenen abweicht, kann es sie erfassen.]
- mit anderen Kindern an einem Problem/einer Aufgabe arbeiten und gemeinsam Lösungsmöglichkeiten diskutieren
- ein anderes Kind eigeninitiativ darauf aufmerksam machen, wenn dieses persönliche Grenzen überschreitet
- sich trauen, für die eigenen Rechte einzustehen und sich gegen Ungerechtigkeit zu wehren
- sich im Streit mit einem anderen Kind eigeninitiativ um eine Klärung der Situation bemühen
- sich mit einem anderen Kind auf einen Kompromiss einigen, ohne dass jemand vermittelnd eingreift
- kulturelle Verschiedenheit achten und gegenüber Diskriminierungen sowie Benachteiligungen aufmerksam und unduldsam sein
- verbal oder nonverbal vor einer Gruppe etwas vortragen
- gemeinsame Mahlzeiten genießen und zu einer angenehmen Esskultur beitragen
- Gemeinsamkeiten und die Vielfalt verschiedener Esskulturen kennen und achten

Das Kind trägt zu einer gelingenden Verständigung innerhalb der Kindergemeinschaft bei.
Das Kind zeigt, dass es Meinungen, Überzeugungen und Perspektiven Anderer akzeptiert beziehungsweise toleriert. KÜG

Freundschaften bilden und halten

- Kontaktaufnahme zu anderen Kindern [SE.07: Das Kind nimmt von sich aus Kontakt zu anderen Kindern auf (zum Beispiel am Spiel teilnehmen, nebeneinandersitzen, gemeinsames Betrachten eines Buches).]
- auf Kontaktangebot anderer Kinder reagieren [SE.08: Das Kind geht auf Kontaktangebote anderer Kinder ein (beispielsweise zum gemeinsamen Spiel) oder lehnt diese ab.]
- für längere Zeit mit dem gleichen Kind/der gleichen Gruppe spielen
- regelmäßig über mehrere Wochen mit derselben Person beim Spielen interagieren
- Wünsche und Vorlieben anderer Kinder berücksichtigen [SE.09: Das Kind berücksichtigt die Wünsche und Vorlieben anderer Kinder (zum Beispiel bei der Auswahl von Spielen oder Spielmaterial) im eigenen Handeln oder es fragt nach deren Wünschen und Vorlieben.]

Das Kind zeigt Bemühungen, Freundschaften zu pflegen. KÜG

Spielverhalten in der Gemeinschaft

- in einer Gruppe (freies Spiel jeglicher Art) ohne einen Erwachsenen spielen
- im Spiel mit anderen abwechseln (Materialien, Zeiten, Rollen und anderes)
- assoziatives Spiel [SE.01: Das Kind spielt und beobachtet dabei ein anderes Kind (zum Beispiel im Sandkasten). Es nimmt Anteil, indem es das andere Kind nachahmt oder dessen Aktivitäten kommentiert.]
- Bewegungsspiel [SE.02: Das Kind spielt ein Spiel, für das es andere Kinder braucht und sich bewegen muss (zum Beispiel Fangen, Ballspiele, Verstecken).]
- kooperatives Regelspiel [SE.04: Das Kind beteiligt sich an kooperativen Spielen, für die es spezielles Spielmaterial und festgelegte Regeln gibt (zum Beispiel: „Erster Obstgarten", „Maskenball der Käfer").]

- kompetetives Regelspiel [SE.06: Das Kind beteiligt sich an kompetitiven Regelspielen wie zum Beispiel Würfel-, Brett-, Bewegungs- oder Kartenspiele, bei denen es darum geht, zu gewinnen.]
- Verständnis für Spielregeln zeigen und diese achten
- eigene Spielregeln erfinden und Spielregeln Anderer anerkennen
- im Austausch unterschiedlicher Erfahrungen und Meinungen zu verschiedenen Lösungswegen kommen
- kooperieren und arbeitsteilig an einer gemeinsamen Sache arbeiten
- bereit sein, von Anderen zu lernen

Rollenspiel

- verkleiden und in andere Rollen schlüpfen
- sich spielerisch in Tiere oder Figuren verwandeln (zum Beispiel aus Büchern, Serien, Filmen)
- Betonung, Stimmmelodie, Lautstärke, Gestik und Mimik bewusst einsetzen
- Rollenspiel [SE.03: Das Kind versetzt sich in eine Rolle (zum Beispiel Verkäufer, Ärztin, Prinzessin). Es können Verkleidungen oder Spielfiguren zum Einsatz kommen.]
- die Gesprächsebenen im Rollenspiel wechseln
- Gefühle darstellen [SE.15: Das Kind gibt vor, bestimmte Gefühle zu haben (zum Beispiel Schmerz, Traurigkeit, Furcht, Freude), etwa im Rollenspiel.]
- mit anderen Kindern Rollen- und Fantasiespiele erfinden
- imaginäre Spielpartnerinnen und -partner erfinden
- versuchen, einen anderen Menschen von etwas zu überzeugen, das nicht der Wahrheit entspricht
- beim gemeinsamen Rollenspiel aufeinander achten, sodass ein Zusammenspiel möglich wird

Gefühle im sozialen Kontext

- Bestätigung durch eine Bezugsperson in unbekannten Situationen suchen (zum Beispiel durch Blickkontakt)
- die eigenen Bedürfnisse, Ansprüche und Gefühle (er-)kennen
- Unterschiede und Gemeinsamkeiten von Personen, Ritualen, Sprachen etc. (er-)kennen
- Stolz [G.01: Das Kind zeigt deutlich Freude, Bewusstheit und Selbstbewusstsein über eigene Leistungen (zum Beispiel über etwas, das es gemacht hat). Andere sollen sehen/hören, was das Kind kann/produziert hat.]
- Mitgefühl [G.02: Das Kind zeigt durch sein Verhalten, dass es die Gefühle Anderer versteht und ihnen helfen möchte. Es reagiert empathisch auf einen Menschen (indem es zum Beispiel ein anderes Kind tröstet oder verteidigt).]
- die Folgen des eigenen Verhaltens erkennen und Verantwortung übernehmen
- Gefühle erklären [G.07: Das Kind benennt den Grund für seine Gefühle (zum Beispiel: „Ich bin stolz, weil ich das allein geschafft habe!").]
- Beziehungen und Zusammenhänge zwischen dem eigenen Verhalten und dem Verhalten Anderer erkennen
- die Gefühlszustände des Gegenübers wahrnehmen
- die Grenzen einer anderen Person erkennen und akzeptieren und entsprechend grenzwahrend verhalten
- Sorgen/Kummer bei Anderen erkennen und darauf reagieren
- Körperzustände und Gefühle Anderer erkennen [G.05: Das Kind spricht über die Körperzustände oder Gefühle eines anderen Menschen (zum Beispiel: „Kind hat Aua."/„Frau ist traurig.").]
- Körperzustände und Gefühle Anderer erklären [G.08: Das Kind erkennt und benennt den Grund für die Körperzustände oder Gefühle eines anderen Menschen (zum Beispiel: „Er weint, weil er sich weh getan hat/sich ärgert/traurig ist.").]
- mit anderen Kindern über die Ursache von Gefühlen sprechen oder darüber, wie genau sich etwas anfühlt
- wissen, was eine andere Person erfreut
- die Absicht haben, jemandem eine Freude zu machen
- wissen, was eine andere Person verärgert
- die Absicht haben, jemanden bewusst verärgern zu wollen
- die Grenzen einer anderen Person erkennen, akzeptieren und entsprechend grenzwahrend verhalten
- Stärken und Schwächen des Gegenübers wahrnehmen und akzeptieren

- Wünsche und Vorlieben anderer Kinder berücksichtigen [SE.09: Das Kind berücksichtigt die Wünsche und Vorlieben anderer Kinder (zum Beispiel bei der Auswahl von Spielen oder Spielmaterial) im eigenen Handeln oder es fragt nach deren Wünschen und Vorlieben.]
- andere Perspektiven einnehmen [SE.16: Das Kind zeigt Verständnis dafür, dass jeder Mensch anders über die gleiche Sache denken kann. Auch wenn die Perspektive eines Anderen von seiner eigenen abweicht, kann es sie erfassen.]
- an Bemerkungen des Gegenübers anknüpfen und in eigenen Äußerungen darauf beziehen
- bemerken und darauf aufmerksam machen, wenn eine Erklärung Widersprüche enthält
- mit einem anderen Kind auf einen Kompromiss einigen

Das Kind berücksichtigt Gefühle Anderer im eigenen Handeln. KÜG

Umgang mit Gemeinschaftsregeln

- anerkennen, dass in der KiTa womöglich andere Normen und Regeln gelten als in der Familie
- begreifen, warum in der KiTa andere Normen und Regeln gelten und sich in beiden Lebensbereichen auskennen und bewegen
- sicher im Straßenverkehr agieren
- die Einhaltung von Gemeinschaftsregeln achten
- andere darauf aufmerksam machen, wenn sie eine Gemeinschaftsregel nicht beachten
- Entscheidungen von Erwachsenen akzeptieren, wenn diese begründet werden
- sein Gegenüber im Gespräch aussprechen lassen
- warten, bis man an der Reihe ist
- beim Wunsch nach Zuwendung abwarten können, bis die andere Person Zeit hat
- eine Gemeinschaftsaufgabe arbeitsteilig erledigen [SE.12: Das Kind beteiligt sich bereitwillig an der Erledigung von Pflichten gegenüber der Gemeinschaft (zum Beispiel Tisch decken, aufräumen).]
- Neugier und Toleranz für andere Gemeinschaftsregeln und Kulturkreise zeigen
- Gemeinsamkeiten und die Vielfalt verschiedener Esskulturen kennen und achten
- nicht dulden, dass jemand wegen Geschlecht, sexueller Identität, Behinderung, ethnischer, nationaler, religiöser oder sozialer Zugehörigkeit gehänselt, ausgeschlossen oder diskriminiert wird und dies zum Ausdruck bringen
- Ungerechtigkeiten benennen [SE.13: Das Kind teilt einem Erwachsenen oder einem Kind mit, wenn es dessen Entscheidung oder Handlung ungerecht findet.]
- Regeln und Verbote hinterfragen [SE.14: Das Kind hinterfragt den Sinn und Zweck von Verboten und Regeln (zum Beispiel Erwachsenen oder Kindern gegenüber).]
- seine Meinung im Sinne einer Beschwerde oder Kritik einem Erwachsenen gegenüber mitteilen
- seine eigene Meinung, Wünsche und Bedürfnisse äußern und für diese eintreten

Das Kind hält ihm bekannte Gemeinschaftsregeln ein.
Das Kind akzeptiert in der Regel Entscheidungen von Erwachsenen, wenn diese begründet werden. KÜG

- mit anderen Kindern über die Ursache von Gefühlen sprechen oder darüber, wie genau sich etwas anfühlt
- wissen, was eine andere Person erfreut
- die Absicht haben, jemandem eine Freude zu machen
- wissen, was eine andere Person verärgert
- die Absicht haben, jemanden bewusst verärgern zu wollen
- die Grenzen einer anderen Person erkennen und akzeptieren und entsprechend grenzwahrend verhalten
- Wünsche und Vorlieben anderer Kinder berücksichtigen [SE.09: Das Kind berücksichtigt die Wünsche und Vorlieben anderer Kinder (zum Beispiel bei der Auswahl von Spielen oder Spielmaterial) im eigenen Handeln oder es fragt nach deren Wünschen und Vorlieben.]
- andere Perspektiven einnehmen [SE.16: Das Kind zeigt Verständnis dafür, dass jeder Mensch anders über die gleiche Sache denken kann. Auch wenn die Perspektive eines Anderen von seiner eigenen abweicht, kann es sie erfassen.]
- an Bemerkungen seines Gegenübers anknüpfen und in eigenen Äußerungen darauf beziehen
- bemerken und darauf aufmerksam machen, wenn eine Erklärung Widersprüche enthält
- mit einem anderen Kind auf einen Kompromiss einigen, ohne dass jemand vermittelnd eingreift

KÜG **Das Kind berücksichtigt Gefühle Anderer im eigenen Handeln.**

Mögliche Entwicklungsschritte des Kindes im Bereich mathematische Kompetenzen erkennen

Sortieren und Klassifizieren

- Oberkategorien bilden (zum Beispiel Tiere, Pflanzen)
- klassifizieren und Unterkategorien bilden (zum Beispiel Tiere: Hunde und Katzen; Pflanzen: Blumen und Bäume)
- Ähnlichkeiten und Unterschiede von Dingen nach verschiedenen Merkmalen erfassen
- beginnendes Sortierverhalten [KF.02: Das Kind legt Gegenstände verschiedener Art (zum Beispiel Murmeln und Bauklötze) in getrennte Behälter (die Behälter können bereits mit Objekten dieser Art befüllt sein).]
- Merkmale benennen (zum Beispiel groß, klein, eckig, blau)
- nach geometrischen Grundformen (zum Beispiel Dreieck, Viereck, Quadrat, Kreis) und/oder Flächen und Körpern (zum Beispiel Würfel, Kugel, Säule) sortieren
- vergleichen anhand unterschiedlicher Merkmale wie Form, Größe, Gewicht, Zeit, Farbe (zum Beispiel kürzer/länger, leichter/schwerer)
- Reihenfolgen bilden (zum Beispiel von klein nach groß)
- Sortierverhalten [KF.04: Das Kind sortiert Gegenstände nacheinander nach verschiedenen Merkmalen (beispielsweise erst nach der Form und anschließend nach der Farbe).]
- Objekte nach zwei Merkmalen gleichzeitig ordnen

Muster, Symmetrien und Regelmäßigkeiten

- Muster und Regelmäßigkeiten auf alltäglichen Gegenständen erkennen
- Figuren und Muster erkennen und diese nachstellen
- wiederkehrende Strukturelemente in Liedern, Reimen und in anderen sprachlichen Elementen erkennen
- erkennen, dass Figuren oder Muster mit verschiedenen Größen dieselbe geometrische Form besitzen
- den Tageskreislauf (Tag, Nacht) (er-)kennen
- den Jahreskreislauf (Jahreszeiten, Wetter) (er-)kennen
- Lebenszyklen (zum Beispiel Pflanzen, Tiere, Menschen) (er-)kennen
- Kreisläufe (zum Beispiel Wasser, Energie, Recycling) (er-)kennen
- eine Teilfigur in einer komplexen Gesamtfigur erkennen
- das eigene Spiegelbild erkennen
- eine Fläche nutzen, um Gegenstände zu spiegeln
- Symmetrien erkennen und/oder diese herstellen
- Regelmäßigkeiten bei Mengen erfassen
- Regelmäßigkeiten in Zahlenabfolgen erfassen

Das Kind erkennt Unterschiede und Übereinstimmungen. KÜG

Zeitliche Perspektiven und Beziehungen einschätzen

- wiederkehrende Abläufe erfassen
- kausale Zusammenhänge in alltäglichen Abläufen erkennen
- Routinen erkennen (zum Beispiel täglich, wöchentlich, in Jahreszeiten)
- Zeitbegriffe benennen und unterscheiden [S.12: Das Kind zeigt Verständnis für Zeitbegriffe (gestern, heute, morgen oder morgens, mittags, abends).]
- sich sicher im zeitlichen Raum orientieren
- Zeiteinheiten erfassen (Stunden, Minuten, Sekunden)
- Interesse an der Uhr zeigen
- Abläufe einer Uhrzeit zuordnen
- die aktuelle Uhrzeit benennen
- eigenes Zeitverständnis in der sozialen Interaktion nutzen, zum Beispiel beim Abwechseln mit Spielmaterialien

Räumliche Perspektiven und Beziehungen einschätzen

- im Raum navigieren (zum Beispiel durch Fortbewegung, zielgerichtetes Greifen)
- die räumliche Beziehung zwischen einem selbst und einem Gegenstand einschätzen
- die Beziehung von Gegenständen im Raum erkennen
- Orientierung finden durch wiederkehrende Ordnungsstrukturen
- erkennen, dass eine Form dieselbe bleibt, auch wenn man sie aus einem anderen Blickwinkel betrachtet oder sie in einer anderen Perspektive dargestellt wird (Wahrnehmungskonstanz)
- Raumbeziehungen benennen und unterscheiden [S.13: Das Kind zeigt Verständnis für Lagebezeichnungen (vor, hinter, unter, über, zwischen, neben). Es verwendet mehrere dieser Wörter in passenden Zusammenhängen.]

Geometrische Formen im Alltag

- geometrische Formen an alltäglichen Gegenständen entdecken
- unterschiedliche Formen benennen
- geometrische Formen anhand von Materialien in der KiTa nachlegen (zum Beispiel Mandalas, Spielsteine)
- das Abbild einer geometrischen Figur sehen und abmalen
- geometrische Formen frei zeichnen
- geometrische Formen mit einem Hilfsmittel genauer zeichnen (zum Beispiel einem Lineal, einem Zirkel) oder Gegenstände umzeichnen
- runde Formen ausschneiden [FM.16: Das Kind schneidet selbstständig eine runde Form mit der Schere aus und weicht kaum von der Linie ab.]
- komplexe eckige Form ausschneiden [FM.17: Das Kind schneidet selbstständig eine komplexe Form (zum Beispiel Tannenbaum, Stern) mit einer Schere so aus, dass die Form eindeutig erkennbar ist).]

KÜG **Das Kind kennt geometrische Figuren und ihre Bezeichnungen.**

Bauen und Konstruieren

- Materialien übereinander stapeln
- Gegenstände stapeln [FM.02: Das Kind legt mindestens drei Bauklötze oder andere Gegenstände gezielt aufeinander, sodass ein Turm entsteht, ohne dass etwas herunterfällt.]
- Türme, Landschaften oder Ähnliches anhand von Materialien erbauen
- Gefäße ineinander stellen [KF.03: Das Kind fügt unterschiedlich große Gefäße (zum Beispiel Plastiktöpfchen) ineinander.]
- statische Begebenheiten mit einbeziehen und komplexe Bauwerke erbauen
- ein dreidimensionales Objekt anhand einer (zweidimensionalen) Anleitung nachbauen

Mengen, Zahlen und Zählen

- ein grundlegendes Verständnis von Mengen haben
- zwei essenziell unterschiedliche Mengen aus einzelnen Teilen vergleichen (zum Beispiel Bonbons, Murmeln) und sagen, welche Menge größer ist
- Kenntnis über Relationen besitzen (zum Beispiel: „Hier sind mehr Mädchen als Jungen.")
- Größen- und Mengenvergleiche in Bezug auf sich selbst herstellen: kleiner als, größer als, ebenso groß wie (zum Beispiel: „Ich bin größer als das Kind neben mir, aber kleiner als die Erzieherin.")
- erkennen, dass Mengen sich nicht verändern, wenn sie neu angeordnet werden (zum Beispiel wird eine Reihe von Steinen nicht mehr, wenn die Steine mit mehr Abstand angeordnet werden)
- Zusammenhang zwischen Zahlen und Objekten erkennen (indem es zum Beispiel bei einer Menge nach der Anzahl fragt)
- die Finger nutzen, um Zahlen anzuzeigen
- das eigene Alter kennen
- die Abfolge der Kardinalzahlen/Anzahl (eins, zwei, drei etc.) kennen
- die Anzahl von eigenen Körperteilen (Ohren, Händen, Fingern und Zehen etc.) kennen
- Zählkompetenz haben

- Zahlenreihe bis 10 fehlerfrei aufsagen
- unterschiedliche Zahlensymbole kennen (zum Beispiel drei Punkte stehen für die Zahl 3)
- weitere Zahlwörter kennen (zum Beispiel einer, halb, erster, zweiter)
- Menge von fünf Elementen abzählen [LSR.03: Das Kind zählt eine Menge mit bis zu fünf Elementen (zum Beispiel Bonbons, Steine) korrekt ab.]
- Menge von 10 Elementen abzählen
- Zahlenreihe bis 20 fehlerfrei aufsagen
- Abfolgen benennen („Aliya ist Erste, ich bin Zweiter, Jonne ist Dritter.")
- Interesse für Zahlen und Ziffern in der Umgebung entwickeln (zum Beispiel Hausnummern, Autokennzeichen)
- Menge mit bis zu vier Elementen erfassen, ohne diese abzuzählen
- zwei Mengen aus einzelnen Teilen vergleichen und sagen, welche Menge größer ist
- einstellige Zahlen erkennen und benennen [LSR.02: Das Kind erkennt und benennt mindestens fünf verschiedene einstellige Zahlen in seiner Umgebung.]
- die eigene Hausnummer, Telefonnummer und/oder Postleitzahl kennen
- Reihenfolgen von Zahlen umdrehen
- einstellige Zahlen schreiben; auf Nachfrage sagen, was geschrieben wurde

Das Kind erfasst die Anzahl von bis zu sechs Elementen einer Menge, ohne diese einzeln abzuzählen. Das Kind erkennt und schreibt Ziffern. KÜG

Anbahnung von Grundrechenarten

- Reihenfolgen bilden (zum Beispiel von klein nach groß)
- erkennen, wenn eine größere oder kleinere Menge benötigt wird
- mitteilen, wie viel es von einer Sache geben oder nehmen möchte und wie viel dann entsteht oder übrig ist
- eine Anzahl von Gegenständen zusammenfassen
- eine Anzahl von Gegenständen voneinander abziehen
- eine Anzahl von Gegenständen verdoppeln
- eine Anzahl von Objekten aufteilen
- das Aufteilen in einer sozialen Interaktion nutzen

Das Kind geht flexibel mit Mengen um. KÜG

Komplexes Denken

- Interesse an Rätseln, Denkspielen, Knobeleien
- Freude am Bearbeiten von kniffligen Situationen

Grafische Darstellungen, Statistik und Verknüpfungen

- Bedeutung einfacher grafischer und tabellarischer Darstellungsformen erfassen (zum Beispiel Wochenplan)
- Einsicht in Mengenvergleiche (zum Beispiel zwei Beine, zwei Stühle) und deren grafische Darstellung erlangen)
- Ursache-Wirkungs-Zusammenhänge erfahren und verstehen (zum Beispiel: „Je kälter es ist, desto schneller friere ich."/„Je wärmer es ist, desto schneller schwitze ich.")
- grafische Darstellungen erkennen und nutzen (zum Beispiel Stadtpläne, Netzpläne, Diagramme)
- ein Grundverständnis darüber entwickeln, dass unterschiedliche Dinge nach einheitlichen oder unterschiedlichen Prinzipien verkleinert oder vergrößert dargestellt werden (zum Beispiel Stadtpläne, Tierfiguren)
- Hilfsmittel nutzen wie Rechentafeln, Taschenrechner, Computer

Mögliche Entwicklungsschritte des Kindes im Bereich motorische Kompetenzen erkennen

Grobmotorik

Bewegungen am Boden

- in den Unterarmstütz gehen
- den Kopf im Unterarmstütz bewegen, beispielsweise um einen Gegenstand zu verfolgen
- auf dem Boden bewegen (drehen einseitig, drehen beidseitig, robben, rutschen, krabbeln)
- eigenständig sitzen

Stehen und Laufen

- an Gegenständen zum Stand hochziehen
- eigenständig in den Stand hochkommen (ohne Hilfsmittel)
- frei stehen
- bücken und etwas auf dem Boden greifen
- an Möbeln/Gegenständen entlang gehen
- an den Händen eines Erwachsenen laufen
- mehrere Schritte frei laufen
- sicher und ohne Unterstützung laufen
- eigene Bewegungen bewusst wahrnehmen beziehungsweise gezielt steuern
- in verschiedenen Geschwindigkeiten laufen
- beim Rennen die Richtung ändern
- auf beweglichem Untergrund (zum Beispiel Hängebrücke, Trampolin) laufen
- plötzliches Losrennen [GM.13: Das Kind rennt nach einem Startsignal sofort los und beschleunigt schnell.]
- plötzlicher Bewegungsstopp [GM.14: Das Kind stoppt nach einem Stoppsignal sofort aus dem Laufen ab und kommt zum Stehen.]
- rechts und links unterscheiden
- Gespür dafür entwickeln, was Körper und Geist gut tut

Bewegungsvarianten

- Rückwärtsschritte machen [GM.01: Das Kind bewegt sich freihändig mehrere Schritte rückwärts, ohne sich irgendwo festzuhalten oder abzustützen.]
- frei auf einem Bein stehen [GM.03: Das Kind hebt freihändig ein Bein vom Boden und hält in dieser Position die Balance.]
- auf einem Bein hüpfen
- erst in die Grätsche und dann auf einem Bein in der Mitte hüpfen (zum Beispiel beim Kästchen-Hüpfen/ Himmel-und-Hölle-Spiel).
- einen Purzelbaum vorwärts schlagen
- einen Purzelbaum rückwärts schlagen
- ohne fremde Hilfe einen Purzelbaum vorwärts schlagen und im Sitzen oder in der Hocke landen
- im Galoppgang vorwärts hüpfen
- Hüpfer seitwärts machen, indem die Beine abwechselnd gegrätscht und wieder zusammengebracht werden
- Sprung mit Gegenbewegung von Armen und Beinen [GM.04: Das Kind zeigt eine Sprungfigur, bei der sich Arme und Beine jeweils in entgegengesetzte Richtung bewegen (zum Beispiel Hampelmann).]
- wechselnde Sprungarten nutzen
- auf der Stelle hüpfen [GM.06: Das Kind hüpft freihändig mit beiden Beinen gleichzeitig hoch und kommt wieder sicher im Stand auf.]
- von einer Stufe/einem Absatz springen [GM.07: Das Kind springt mit beiden Beinen gleichzeitig hoch und überwindet im Sprung freihändig einen (kleinen) Absatz oder eine Stufe. Es kommt sicher wieder im Stand auf.]

- aus der Höhe einer zweiten Treppenstufe springen [GM.08: Das Kind springt von der zweiten Treppenstufe oder einer anderen Ebene ähnlicher Höhe und kommt sicher wieder im Stand auf, ohne das Gleichgewicht zu verlieren (kein Ausfallschritt, kein Abfangen mit der Hand).]
- Vorwärtssprung mit beiden Beinen [GM.09: Das Kind springt mit beiden Beinen gleichzeitig vorwärts und kommt sicher auf beiden Füßen auf, ohne das Gleichgewicht zu verlieren (kein Ausfallschritt, kein Abfangen mit der Hand).]
- freihändig auf einer Linie, einem Bordstein oder einem Balken balancieren
- von einer höheren Ebene springen
- auf beweglichem Untergrund (beispielsweise Trampolin) springen

Das Kind balanciert freihändig.
Das Kind springt von einer höheren Ebene und landet sicher auf beiden Beinen. KÜG

Steigen und Klettern

- eine schiefe Ebene hochkommen
- an Treppen hochziehen oder Treppen hochkrabbeln
- Treppensteigen [GM.02: Das Kind geht in aufrechter Position und ohne Hilfe (aber möglicherweise mit Abstützen an der Wand oder am Geländer) mehrere Treppenstufen aufwärts und abwärts.]
- eine Treppe im Wechselschritt hoch- und runtergehen
- von einer hüfthohen Ebene springen und auf beiden Beinen landen, ohne mit den Händen abzufangen
- Hindernisse überwinden
- auf eine höhere feststehende Ebene (beispielsweise hüfthoch, brusthoch) klettern
- auf einen beweglichen Gegenstand (beispielsweise Schaukel) klettern

Das Kind geht Treppen im Wechselschritt auf- und abwärts. KÜG

Bewegung mit Fahrzeugen und Spielgeräten

- Fahrzeuge (zum Beispiel Laufrad, Bobbycar, Roller) auf gerader Strecke nutzen
- Fahrzeuge nutzen und Kurven fahren
- Fahrzeuge nutzen und Hindernisse überwinden oder umfahren
- auf einer Schaukel festhalten, während die Schaukel schwingt
- auf einer Schaukel Schwung holen [GM.05: Das Kind holt auf der Schaukel sitzend selbstständig Schwung und schaukelt sich nach oben.]
- selbstständig auf eine Schaukel stellen und im Stand hochschaukeln
- im Kletternetz krabbeln
- an Querstreben entlang hangeln (beispielsweise Hangelleiter)
- eine Stange runterrutschen
- an einer Stange hochziehen
- an einem Seil abwärts rutschen
- an einem Seil aufwärts hangeln

Das Kind holt selbstständig Schwung beim Schaukeln. KÜG

Umgang mit Bällen

- Bälle in horizontaler Richtung werfen
- Luftballons oder Bälle wegschlagen
- Luftballons oder Bälle über Schulterhöhe wegschlagen
- werfen eines Gegenstandes [GM.10: Das Kind hält ein Objekt über der Schulter (nicht vor der Brust, nicht neben dem Körper), streckt den Arm ganz nach vorn aus, um das Objekt gezielt und mit Schwung in eine bestimmte Richtung zu werfen.]
- Ball mit den Armen fangen [GM.11: Das Kind fängt einen Ball mittlerer Größe, der ihm aus kurzer Entfernung zugeworfen wird, mit beiden Armen auf, ohne dass er auf den Boden fällt.]

- kleineren Ball (beispielsweise Tennisball) mit den Händen fangen
- im Laufen stoppen und unmittelbar im Anschluss einen mittelgroßen Ball fangen (zum Beispiel Fußball, Basketball)
- Bälle im Laufen werfen
- mittelgroßen Ball (zum Beispiel Fußball, Basketball) mehrmals hintereinander auf den Boden aufspringen lassen
- Ball oder Ballon mit dem Fuß bewegen
- Ball mit dem Fuß kicken [GM.12: Das Kind kickt einen (mittelgroßen) Ball zielgerichtet mit dem Fuß weg.]
- mit einem Ball auf Tore oder Gegenstände zielen

KÜG **Das Kind ist geübt im Umgang mit Bällen.**

Bewegung im sozialen Kontext

- gemeinsam mit anderen Kindern im Innen- oder Außengelände der KiTa bewegen und die Umgebung erkunden
- mit anderen Kindern die Spielgeräte im äußeren Bereich der KiTa nutzen (zum Beispiel Schaukel, Rutsche) und sich dabei abwechseln
- Bewegungsspiel [SE.02: Das Kind spielt ein Spiel, für das es andere Kinder braucht und sich bewegen muss (zum Beispiel Fangen, Ballspiele, Verstecken).]
- im Bewegungsspiel eigene Regeln erfinden und andere Regeln anerkennen
- gemeinsames Konstruktionsspiel mit einem Plan [SE.05: Das Kind baut mit einem anderen Kind gemeinsam ein Spielszenario auf und spricht sein Vorhaben dabei ab.]
- bei Körperkontakten eigene Grenzen vertreten und Regeln einhalten
- mit anderen Kindern raufen oder rangeln und dabei die eigenen Grenzen und die des anderen Kindes achten
- die körperlichen Fertigkeiten von Anderen wahrnehmen und bei Bedarf helfen (zum Beispiel jüngeren Kindern)
- Grundverständnis erlangen, dass die Kinder der Kindergemeinschaft unterschiedliche körperliche Fähigkeiten haben
- Wissen über verschiedene Sportarten zeigen und mit Anderen darüber austauschen
- Sportarten und Bewegungskünste verschiedener Kulturen kennen und achten
- sportliche Leistungen von Menschen mit Beeinträchtigungen (zum Beispiel Paralympics, Special-Olympics) wertschätzend wahrnehmen

Herausfordernde körperliche Bewegungen suchen

- Lust an Bewegung haben, den Bewegungsradius erweitern und sich körperlich ausprobieren
- an die eigenen (körperlichen) Grenzen gehen
- eine Reaktion auf Gelingen oder Misslingen zeigen
- Wiederholen und Üben als Methode zur Entwicklung körperlicher Fähigkeiten nutzen

Feinmotorik

Erste Handbewegungen

- die Hände vor dem Körper zusammenführen und mit den Fingern spielen
- eine Hand unter Blickkontrolle gezielt zum Mund führen
- beide Hände zum Greifen nutzen
- eine Hand zum Greifen nutzen
- Gegenstände in beiden Händen halten und intensiv durch Tasten untersuchen
- einen Gegenstand von einer Hand in die andere geben
- Gegenstände mit beiden Händen getrennt untersuchen
- bei Bewegungen über die Körpermittellinie hinweg Hände kreuzen

- mit der Hand gehaltene Gegenstände auf Bitte abgeben
- Handinnenflächen gezielt gegeneinanderschlagen
- mit der Hand winken
- zwei Bauklötze aufeinandersetzen

Fingermotorik

- den Zeigefinger bewusst zum Betasten, Zeigen oder Drücken nutzen
- Gegenstände im Scherengriff (Daumen und gestreckter Zeigefinger) greifen
- Gegenstände im Pinzettengriff (Daumen und Zeigefinger angewinkelt) greifen
- Buchseiten umblättern [FM.01: Das Kind blättert (Papier-)Buchseiten einzeln um.]
- Gegenstände stapeln [FM.02: Das Kind legt mindestens drei Bauklötze oder andere Gegenstände gezielt aufeinander, sodass ein Turm entsteht, ohne dass etwas herunterfällt.]
- Blätter lochen und einheften
- mit einem Schlüssel ein Schloss öffnen und schließen
- eine bevorzugte Arbeitshand nutzen

Routinesituationen im Alltag

- aus einem offenen Trinkgefäß trinken [FM.03: Das Kind hält ein (mindestens zur Hälfte) gefülltes Trinkgefäß ohne Deckel, führt es eigenständig zum Mund und trinkt daraus, ohne dass etwas danebengeht.]
- mit einem Löffel essen [FM.04: Das Kind führt einen Löffel mit halbfester Nahrung (zum Beispiel Reis, Pudding, Kartoffelbrei) eigenständig zum Mund und nimmt die Nahrung auf, ohne dass etwas herunterfällt.]
- Obst mit den Händen schälen (zum Beispiel Mandarine oder Banane)
- Schraubverschluss öffnen und schließen [FM.06: Das Kind öffnet und schließt selbstständig ein Gefäß mit schmalem Durchmesser und Schraubdeckel.]
- ein Brot selbst belegen und/oder schmieren
- mit einem Messer schneiden
- Reißverschluss der eigenen Jacke auf- und zuziehen [FM.13: Das Kind zieht grobe Reißverschlüsse der eigenen Jacken selbstständig auf und zu. Es nutzt eine Hand zum Ziehen am Zipper und die andere Hand, um den Stoff festzuhalten.]
- kleinere Knöpfe an der eigenen Kleidung ohne Hilfe schließen und öffnen
- Schuhe anziehen und schließen [FM.15: Das Kind zieht ein Paar Schuhe selbstständig an (Zuordnung rechter und linker Fuß stimmt) und macht alle Verschlüsse zu.]
- einfachen Knoten machen [FM.07: Das Kind macht einen einfachen Knoten (zum Beispiel beim Geschenk einpacken, Schuhe binden.]
- selbstständig einen Doppelknoten binden
- selbstständig eine Schleife binden

Das Kind bindet selbstständig einen Doppelknoten oder eine Schleife. KÜG

Umgang mit Stiften und Materialien

- einen Stift im Faustgriff halten
- mit einem Stift kritzeln
- einen Stift im Pinselgriff (ausgestreckter Zeige- und Mittelfinger) halten
- Stift halten und zeichnen [FM.08: Das Kind hält einen Stift und zeichnet unterschiedliche Linien oder Formen (zum Beispiel senkrechte oder waagerechte Linien, Kringel oder Kreise).]
- Stift im Dreipunktgriff halten und zeichnen [FM.09: Das Kind hält einen Stift im Dreipunktgriff (zwischen Daumen-, Zeige- und Mittelfinger) und zeichnet damit.]
- Formen ausmalen [FM.10: Das Kind malt eine Form so aus, dass nur wenig freie Fläche bleibt und der Rand kaum übermalt wird (zum Beispiel eigene Motive, Ausmalbilder).]
- Konturlinien einer Form nachzeichnen

- mit einem Stift sorgfältig die Kante eines Gegenstandes nachzeichnen (zum Beispiel Lineal, Schablone oder Teller)
- Stifte anspitzen
- mit einer Schere schneiden
- Teile selbstständig und gezielt an eine bestimmte Stelle auf einer Vorlage kleben (zum Beispiel Laub auf Papier)
- entlang einer Linie schneiden
- runde Formen ausschneiden [FM.16: Das Kind schneidet selbstständig eine runde Form mit der Schere aus und weicht kaum von der Linie ab.]
- komplexe eckige Formen ausschneiden [FM.17: Das Kind schneidet selbstständig eine komplexe Form (zum Beispiel Tannenbaum, Stern) mit einer Schere so aus, dass die Form eindeutig erkennbar ist.]
- eine Kugel formen [FM.18: Das Kind formt (eigenständig) mit beiden Händen eine Kugel (zum Beispiel aus Knete, Teig oder Ton).]

KÜG

Das Kind zeichnet mit einem Stift.
Das Kind ist geübt im Umgang mit der Schere.
Das Kind ist geübt im Umgang mit Kleber (Klebestift, Klebeflasche).

Mögliche Entwicklungsschritte des Kindes im Bereich ästhetische Kompetenzen erkennen

Bildnerisches Gestalten

Malen und Zeichnen

- mit großen Bewegungen zeichnen
- verschiedene Stifte verwenden
- mit einem Stift kritzeln
- Stift halten und zeichnen [FM.08: Das Kind hält einen Stift und zeichnet unterschiedliche Linien oder Formen (zum Beispiel senkrechte oder waagerechte Linien, Kringel oder Kreise).]
- Verwendung von Farbwörtern [S.03: Das Kind benennt die Farbe eines Gegenstandes in verschiedenen Situationen zutreffend.]
- einfache Objekte zeichnen (zum Beispiel Sonne, Haus, Kopffüßler)
- Linien und Formen gezielt zeichnen
- Stift im Dreipunktgriff halten und zeichnen [FM.09: Das Kind hält einen Stift im Dreipunktgriff (zwischen Daumen-, Zeige- und Mittelfinger) und zeichnet damit.]
- komplexe Objekte zeichnen (zum Beispiel Haus, Auto, Menschen, Fahrrad)
- realistische Bilder und Situationen zeichnen
- Konturlinien einer Form nachzeichnen
- Formen ausmalen [FM.10: Das Kind malt eine Form so aus, dass nur wenig freie Fläche bleibt und der Rand kaum übermalt wird (zum Beispiel eigene Motive, Ausmalbilder).]
- mit einem Stift sorgfältig die Kante eines Gegenstandes nachzeichnen (zum Beispiel eines Lineals, einer Schablone oder eines Tellers)

Kreatives Gestalten

- unterschiedliche Werkzeuge und Materialien erkunden und nutzen
- Erfahrungen mit verschiedensten Materialien auf neues Material übertragen
- verschiedene Techniken (zum Beispiel Tupfen, Tuschen, Falten, Schneiden) anwenden
- mit einer Schere schneiden
- Teile selbstständig gezielt an eine bestimmte Stelle auf eine Vorlage kleben (zum Beispiel Laub auf Papier)
- entlang einer Linie schneiden
- runde Formen ausschneiden [FM.16: Das Kind schneidet selbstständig eine runde Form mit der Schere aus und weicht kaum von der Linie ab.]
- komplexe eckige Formen ausschneiden [FM.17: Das Kind schneidet selbstständig eine komplexe Form (zum Beispiel Tannenbaum, Stern) mit der Schere so aus, dass die Form eindeutig erkennbar ist.]
- eine Kugel formen [FM.18: Das Kind formt (eigenständig) mit beiden Händen eine Kugel (zum Beispiel aus Knete, Teig oder Ton).]
- Ausdauer bei bildnerischem Gestalten zeigen
- Konzentration bei selbstständiger Aktivität [KF.17: Das Kind beschäftigt sich selbstständig und ohne sich ablenken zu lassen mit dem gleichen Material und verfolgt dabei ein Ziel.]

Auseinandersetzung mit eigenen Werken

- das eigene Werk beschreiben
- eine Fantasiefigur oder ein Fantasieobjekt erfinden und genauer darstellen
- eigene ästhetische Empfindungen/Meinungen ausdrücken
- (eigene) künstlerische Absichten beschreiben
- Ähnlichkeiten zu anderen (eigenen) Werken finden
- eigene Werke in eigenen „Ausstellungen" präsentieren
- sich der eigenen künstlerischen Ausdrucksmittel bewusst sein und diese schätzen
- ein eigenes Urteilsvermögen entwickeln

Mögliche Entwicklungsschritte des Kindes im Bereich naturwissenschaftliche Kompetenzen erkennen

Natur und Umwelt

- Dinge und Erscheinungen mithilfe aller Sinne (Hören, Sehen, Riechen, Schmecken, Tasten) wahrnehmen
- Interesse an Natur und Umwelt zeigen (zum Beispiel durch das Beobachten von Tieren, des Wetters)
- Pflanzen, Insekten und andere Tiere kennen und benennen
- W-Fragen stellen [S.19: Das Kind nutzt unterschiedliche W-Wörter (zum Beispiel wer, wie, was, wo, wieso, weshalb, warum, wohin, wozu).]
- eigene Vorlieben, Interessen und Stärken im Entwicklungsfeld erkennen und/oder beschreiben
- Gegenstände stapeln [FM.02: Das Kind legt mindestens drei Bauklötze oder andere Gegenstände gezielt aufeinander, sodass ein Turm entsteht, ohne dass etwas herunterfällt.]
- Konstruktionsspiel [KF.05: Das Kind baut über mehrere Minuten etwas auf (zum Beispiel Sandburg, Höhle, Turm aus Bausteinen, Eisenbahnstrecke).]
- Konzentration bei selbstständiger Aktivität [KF.17: Das Kind beschäftigt sich selbstständig und ohne sich ablenken zu lassen mit dem gleichen Material und verfolgt dabei ein Ziel.]
- mit den Elementen Feuer, Erde, Wasser und Luft auseinandersetzen
- den Tageskreislauf (er-)kennen (Tag, Nacht)
- den Jahreskreislauf (er-)kennen (Jahreszeiten, Wetter)
- Lebenszyklen (er-)kennen (zum Beispiel Pflanzen, Tiere, Menschen)
- Kreisläufe (er-)kennen (zum Beispiel Wasser, Energie, Recycling)
- physikalische Phänomene erkunden und erfahren (zum Beispiel Optik, Akustik, Magnetismus, Schwerkraft, Elektrizität)
- Aggregatzustände kennen (fest, flüssig, gasförmig)
- unterschiedliche Beschaffenheit und Konsistenz von (Natur-)Materialien erkennen

Handeln, Probieren, Forschen und Experimentieren

- verschiedene Lösungswege ausprobieren [KF.07: Das Kind steht vor einer Herausforderung, für die es die Lösung nicht gleich findet. Es probiert von sich aus verschiedene Möglichkeiten, um sein Ziel doch noch zu erreichen (ohne nach dem Lösungsweg zu fragen).]
- Handlungen beobachten, erkennen, vergleichen und/oder auswerten
- überlegen, wie etwas funktionieren könnte
- über verschiedene Lösungsmöglichkeiten nachdenken
- planvoll und strukturiert handeln [KF.08: Das Kind führt spontan mehrere Handlungsschritte durch, die alle zusammenhängen und auf ein übergeordnetes Ziel hinführen (zum Beispiel erst Einzelteile bauen/basteln, dann alles zusammenfügen).]
- erforschen und experimentieren [KF.18: Das Kind verändert beim Experimentieren von sich aus einzelne Aspekte einer Situation, um herauszufinden, welche Auswirkungen das hat (zum Beispiel, was passiert, wenn man etwas dazulegt, wegnimmt, verschiebt, erwärmt).]
- in der Gruppe forschen und experimentieren
- Vorgänge und Veränderungen beobachten
- nachforschende Fragen stellen
- erkennen, dass Fragen, Forschen und Nachdenken beim Lernen helfen
- Dinge aus verschiedenen Perspektiven betrachten und erkennen, dass es nicht immer nur eine Erklärung gibt
- sinnvolle, in sich plausible Begründungen geben
- die Funktionsweise und den Nutzen von technischen Geräten (er-)kennen
- unterschiedliche Werkzeuge und Materialien erkunden und nutzen
- mit technischen/elektronischen Geräten sorgsam und korrekt umgehen
- mögliche Gefahren beim Umgang mit Natur und Technik abschätzen

- visuelle oder schriftliche Darstellungsformen verwenden (zum Beispiel Tabellen, Grafiken, Schemata, Pläne, Karten, Hinweisschilder, Aufschriften auf Produkten, Autokennzeichen)
- erworbenes Wissen anwenden und übertragen

Naturwissenschaften, Umwelt, Technik in der Kindergemeinschaft

- Vorschläge und Lösungen gemeinsam mit Anderen entwickeln
- mit Anderen kooperieren und arbeitsteilig an einer gemeinsamen Sache arbeiten
- Anderen einen Zusammenhang und eigene Ideen zu Naturwissenschaften, Umwelt, Technik erklären
- die eigenen Fertigkeiten in der Handhabung von Arbeitstechniken, Werkzeugen, Materialien und technischen Geräten in der Gemeinschaft zur Verfügung stellen

Bildung für nachhaltige Entwicklung (BNE)

- Lebensmittel verarbeiten und Speisen zubereiten
- eine Vorstellung über die Herkunft und Erzeugung von Lebensmitteln entwickeln
- ein Grundverständnis für Nachhaltigkeit entwickeln (zum Beispiel Müll trennen, Wasserhahn nicht laufen lassen, Licht nicht brennen lassen)
- Bewusstsein für die natürliche Umwelt entwickeln
- Verständnis dafür entwickeln, warum Menschen Natur nutzen, gestalten und erhalten
- Bedeutung des eigenen Handelns bedenken
- Verkehrsmittel in der Umgebung kennen und wissen, wie sie funktionieren

4. Das Kind berücksichtigt Gefühle Anderer im eigenen Handeln.
Beispiele: „Lieblingsspiel" des Freundes mitspielen; im Spiel abwarten, wenn ein anderes Kind auf der Hängebrücke ängstlich ist; beim Bauen einer Höhle eine Seite offen lassen, weil ein anderes Kind sich bei Dunkelheit fürchtet

5. Das Verhalten des Kindes lässt auf ein positives Selbstbild und Vertrauen in die eigenen Fähigkeiten schließen.
Beispiele: ist sich seiner Stärken bewusst; weiß, was es kann; übernimmt von sich aus Aufgaben für die Gemeinschaft; ist stolz auf Erreichtes; freut sich, wenn ihm etwas gelingt; spricht positiv über sich selbst; zeigt sich neugierig und offen für Erfahrungen, Wissen und Informationen

Mathematische Kompetenzen

1. Das Kind erkennt Unterschiede und Übereinstimmungen.
Beispiele: in Bildvorlagen, auf Fehlersuchbildern, in Wimmelbilderbüchern, auf Fotos

2. Das Kind kennt geometrische Figuren und ihre Bezeichnungen.
Beispiele: auf Straßenschildern, in Spielen, bei Bausteinformen, auf Bildern

3. Das Kind erfasst die Anzahl von bis zu sechs Elementen einer Menge, ohne diese einzeln abzuzählen.
Beispiele: Würfelaugen, Gabeln, Bälle, Kindergruppe

4. Das Kind geht flexibel mit Mengen um.
Beispiele: Mengen von Spieleteilen für beteiligte Kinder aufteilen, Mengen abziehen, etwas unter mehreren Beteiligten aufteilen oder vervielfachen

5. Das Kind erkennt und schreibt Ziffern.
Beispiele: Hausnummern, Autokennzeichen, Mengenangaben, Altersangaben, Geburtstage

Motorische Kompetenzen

Grobmotorik

1. Das Kind geht Treppen im Wechselschritt auf- und abwärts.
Beispiele: Treppen innerhalb der KiTa, im Außengelände, zum U- oder S-Bahngleis

2. Das Kind balanciert freihändig.
Beispiele: auf einer Linie, auf einem Bordstein, auf einem Balken

3. Das Kind springt von einer höheren Ebene und landet sicher auf beiden Beinen.
Beispiele: von einer Treppe, von einem Podest, von einem Stuhl

4. Das Kind holt selbstständig Schwung beim Schaukeln.
Beispiele: im Sitzen, im Stehen, auf dem Schaukelbrett, der Nestschaukel oder einer Doppelschaukel

5. Das Kind ist geübt im Umgang mit Bällen.
Beispiele: Fangen und Werfen im Stand/im Laufen; den Ball tippen, prellen, schießen, dribbeln

Feinmotorik

6. Das Kind zeichnet mit einem Stift.

Beispiele: zieht Konturlinien, zeichnet entlang der Kante eines Gegenstandes, paust ab, zeichnet Formen/ Buchstaben, zeichnet Gegenstände und Menschen, zeichnet an einem Lineal entlang

7. Das Kind bindet selbstständig einen Doppelknoten oder eine Schleife.

Beispiele: am eigenen Schuh, mit Geschenkband, bei Puppenkleidung

8. Das Kind ist geübt im Umgang mit der Schere.

Beispiele: schneidet verschiedene Formen aus, schneidet entlang einer Linie, schneidet unterschiedliche Papierarten

9. Das Kind ist geübt im Umgang mit Kleber (Klebestift, Klebeflasche).

Beispiele: streicht Flächen mit Kleber ein, klebt gezielt und passend zur Gestaltungsabsicht etwas auf, klebt Dinge aneinander

Literaturverzeichnis

Beller, Emanuel Kuno; Beller, Simone (2000): Kuno Bellers Entwicklungstabelle 0–9. Dr. Simone Beller. Forschung und Fortbildung in der Kleinkindpädagogik.

Espenakk, Unni; Frost, Jørgen; Klepstad Færevaag, Margaret; Horn, Erna; Løge, Inger Kristine; Gees Solheim, Ragnar; Wagner, Åse Kari (2019): TRAS Lehrbuch. Beobachtung von Sprache im täglichen Zusammenspiel. Freiboth.

Fhtenakis, Wassilios E.; Berwanger, Dagmar; Reichert-Garschhammer, Eva (2019): Bildung von Anfang an. Bildungs- und Erziehungsplan für Kinder von 0 bis 10 Jahren in Hessen. 9. Auflage. Druckerei Zeidler.

Häuser, Detlef; Jülisch, Bernd-Rüdiger (2013): Meilensteine der Sprachentwicklung – Ein Beobachtungsinstrument. verlag das netz.

Hautumm, Annette; Heller, Elke; Wagner, Petra (2012): Hamburger Bildungsempfehlungen für die Bildung und Erziehung von Kindern in Tageseinrichtungen. 2. überarbeitete Auflage. Druckerei Siepmann.

Laewen, Hans-Joachim (2008): Grenzsteine der Entwicklung – Ein Frühwarnsystem für Risikolagen. Sonderdruck für das MBJS Brandenburg.

Landesinstitut für Schule und Medien Berlin/Brandenburg (2020): ILeA plus, Manual für Lehrerinnen und Lehrer.

Løge, Inger Kristine; Leidland, Karina; Mellegaard, Mette Ruby; Sleveland Olsen, Aud Harriet; Waldeland, Torill (2018): ALLE DABEI Handbuch. Bogen zur Beobachtung von Kindern in Kindertagesstätten. Freiboth.

Magister, Caroline; Gönder, Dominique; Brunner, Martin (2014): Lernausgangslage Berlin (LauBe), Wissenschaftliches Handbuch, FU Berlin.

Mayr, Toni; Bauer, Christina; Krause, Martin (2014): KOMPIK – Begleitendes Handbuch für pädagogische Fachkräfte. Bertelsmann Stiftung.

Mayr, Toni; Bauer, Christina; Krause, Martin (2012): KOMPIK Kompetenzen und Interessen von Kindern. Bertelsmann Stiftung.

Organisation für wirtschaftliche Zusammenarbeit und Entwicklung (OECD, 2020): Early Learning and Child Well-being: A Study of Five-year-Olds in England, Estonia, and the United States. OECD Publishing, Paris.

Pauen, Sabina (2018): Vom Baby zum Kleinkind: Beobachtung, Begleitung und Förderung in den ersten Jahren. Springer.

Petermann, Franz; Macha, Thorsten (2013): Entwicklungstest für Kinder von sechs Monaten bis sechs Jahren (ET 6-6-R). Frankfurt: Pearson.

Rössl-Krötzl, Barbara; Breit, Simone (2019): Anleitung zum BESK-DaZ KOMPAKT Beobachtungsbogen zur Erfassung der Sprachkompetenz in Deutsch von Kindern mit Deutsch als Zweitsprache – KOMPAKT. Salzburg.

Schlaaf-Kirschner, Kornelia (2014b): Der Beobachtungsbogen für Kinder von 3 – 6. Mit Tipps und Materialien für die Kita-Praxis. Auf einen Blick!. Verlag an der Ruhr.

Ständige Wissenschaftliche Kommission der Kultusministerkonferenz (2022). Basale Kompetenzen vermitteln – Bildungschancen sichern. Perspektiven für die Grundschule. Online verfügbar unter https://www.kmk.org/fileadmin/Dateien/pdf/KMK/SWK/2022/SWK-2022-Gutachten_Grundschule.pdf, zuletzt geprüft am 23.04.2024.

Vandenbussche, Els; Laevers, Ferre (2009): Beobachtung und Begleitung von Kindern Arbeitsbuch zur Leuvener Engagiertheitsskala (2. überarbeitete und erweiterte deutsche Ausgabe). Berufskolleg Erkelenz, Fachschule für Sozialpädagogik.

Wygotski, Lew S. (1987): Denken und Sprechen. Weinheim. Beltz.

Zimmer, Renate (2014): BaSiK – Begleitende alltagsintegrierte Sprachentwicklungsbeobachtung in Kindertageseinrichtungen. Herder.

Notizen